AF452201

LE DAMIER

TACTIQUE & STRATÉGIE

DU

JEU DE DAMES

PAR

Isidore WEISS

Champion du Monde

PRÉFACE DE F. BOUILLON

Président-Fondateur du Damier Marseillais

PRIX : **5** FRANCS

ÉDITÉ PAR LE JOURNAL LE BAVARD

15, Quai du Canal — Marseille

1910

Tactique et Stratégie

Cliché Ouvière — Marseille

I. WEISS
CHAMPION DU MONDE

F. BOUILLON
CHAMPION DE MARSEILLE 1906

LE DAMIER

Tactique & Stratégie

DU

JEU DE DAMES

Par Isidore WEIS, Champion du Monde [1]

PREFACE

Les origines du « Jeu de Dames et du « Jeu d'Echecs » se confondent et se perdent dans la nuit des temps.

Dans les fouilles exécutées en Perse par M. de Morgan, chargé de mission par le gouvernement français, on a découvert des céramiques remontant à plus de 50 siècles avant notre ère.

Or, on peut voir sur ces poteries, des damiers de 64 cases.

Le jeu français moderne date de 1737.

Avant cette époque, le damier se composait de 64 cases au lieu de 100. On jouait avec 12 pions de part et d'autre au lieu de 20. Enfin, les règles alors en usage différaient sensiblement de nos règles actuelles. Ainsi, la dame, ne pouvait, d'un pas, parcourir toute une ligne. Elle manœuvrait comme le roi aux échecs, à la différence de celle de notre jeu, qui manœuvre comme le fou. Les pions ne pouvaient prendre en arrière...

Ce livre n'étant pas un manuel de débutants, nous n'entrerons pas dans le détail des règles, mais nous rappellerons les grandes lignes du « Jeu français moderne », improprement appelé « Jeu à la Polonaise ».

On joue indifféremment sur les cases blanches ou sur les noires.

Les cases sont numérotées de 1 à 50. La première ligne en haut du damier, porte de gauche à droite les numéros 1 à 5. Le numéro 6 est au commencement de la seconde ligne à gauche et ainsi de suite... La dernière ligne comprend, par conséquent, les numéros 46 à 50.

Chaque joueur doit s'assurer, avant de commencer la partie, qu'il a bien à sa gauche, la grande diagonale de la couleur sur laquelle il joue. Cette diagonale a dix cases. Les numéros 5 et 46 sont des cases d'angles. Par conséquent, si après une partie jouée sur les cases noires on veut jouer sur les blanches, il faut pour cela tourner le damier en travers. Dans les problèmes, parties entières, etc., les pièces noires sont toujours sur les nombres 1 à 20 et les blanches sur 1 à 50.

---

(1) *Droits réservés.*

— 4 —

Le soufflage est toujours de rigueur.

On a le droit de souffler ou de forcer à prendre.

Dans les prises multiples, on est obligé de prendre du côté du plus grand nombre de pièces. Une dame n'a pas plus de valeur qu'un pion. On peut prendre indistinctement une dame ou un pion. Si d'un côté il y à une dame et un pion, et d'un autre côté trois pions, on doit prendre les trois pions.

On peut passer, dans une prise, plusieurs fois sur la même case vide, mais on ne doit pas repasser sur une pièce déjà prise.

Les pièces ne s'enlèvent que lorsque la râfle est terminée.

Toute pièce touchée doit être jouée.

Dans les fins de parties de trois dames contre une, si celui qui a une seule dame occupe la grande ligne, son adversaire n'a que 5 coups à jouer. Mais si la grande diagonale est prise par le joueur des trois dames, celui-ci a 15 coups pour prendre la dame unique.

Il est d'usage que, lorsque le joueur des trois dames fait un rendement, il joue 21 coups.

Si, au contraire, c'est le joueur qui reçoit un rendement qui possède trois dames, on ne lui accorde que 12 coups.

Dans le but de ne pas éterniser la partie, il est de règle que, si au lieu d'avoir trois dames, l'un des adversaires a une dame et deux pions, ou deux dames et un seul pion, l'autre adversaire, qui n'a qu'une dame, a le droit de couronner le pion ou les pions, ce qui les transforme en dames, et d'exiger du joueur des trois dames de compter les coups réglementaires.

Ces règles sont en usage dans toute la France et on les voit appliquer très sérieusement dans tous les concours organisés par les grandes sociétés damistes de Paris, Amiens, Lille, Marseille.

Tout le monde sait, ou du moins tous les Marseillais savent très bien que leur ville est celle de France d'où est sorti le plus grand nombre de champions, car c'est le pays où l'on joue le plus.

Maillé ; Louis, qui battit Blonde ; Nicolas ; Etienne ; Victor Jean, le vainqueur de Grégoire, ont tous acquis une renommée universelle et leur auréole de gloire est aussi pure que celle des Manoury, des Philidor, des Loysel et des Rambaud.

C'est que le signataire de cette préface est Marseillais d'adoption et qu'il est fier de cette école marseillaise et de son illustre maître actuel, le célèbre Raphaël. Fier également du jeune prodige Marius Fabre, dont la renommée n'a pas attendu le nombre des années.

Toutefois, il faut bien reconnaître que le noble jeu battait de l'aile, il y a dix ou douze ans, aussi bien à Marseille que dans les autres villes.

C'est alors, avec l'appui du journal le *Bavard* que nous avons fondé la société « Le Damier ».

Cinq cents élèves ont été formés ; plus de cent concours organisés ; des problémistes ont surgi de toutes parts et notre rubrique du *Bavard*, la « Tribune des Damistes », avec les merveilleuses compositions de Berna, Woïs, Gras, Estienne, Ortigé, Signoret, Blankenaar, Bergier, Méaudre,

Béthenod, Virgulty, César, Sinibaldy, Bourquin, Barthélemy, Michel-Séverin, Van den Brœk, Rique, Nouveau, Turc, Cot, Payette, Pernet, Père Philippe, Brœkkamp, Rastel, Collombel, Raymond, Douillet, Vardon et cent autres, la « Tribune » a pu faire oublier la pléiade d'illustres disparus qui comprenait Manoury, Blonde, Huguenin, Commard, Harvant, Lamontagne, Van Dame, Van Embden, Bouvet. Jullian, Blydenstein, Everat, etc.

Enfin, par trois fois, le champion du monde Weïss, est descendu dans l'arène phocéenne se mesurer dans des rencontres épiques avec nos champions Raphaël, Garoute, Fabre, Revertégat.

Puis, sous les couleurs de notre société *le Damier*, nous avons lancé l'intrépide champion français contre le géant de fer qui tient si haut et si ferme le drapeau de l'école hollandaise.

De Haas est un rude champion ; sous ce choc furieux, il resta inébranlable, mais le bruit de la lutte réveilla tous les dormeurs de France et de Hollande. Le but était atteint à demi.

Nous avons alors ouvert l'ère des voyages et des concentrations de damistes. De nombreuses sociétés se sont créées. L'élan, cette fois, était donné. Un grand nombre de villes ont suivi le mouvement donné par Marseille. Personne ne voulait rester en arrière. Nous décidions alors un second match Weïss-de Haas.

Le succès fut grand. Une noble émulation secoua Français et Hollandais. Amsterdam, Paris, Rotterdam, Toulouse, se mettaient à la hauteur de Marseille.

La première croisade est terminée. Gageons que le Damier Français va conduire la seconde sous les plis de sa bannière, confiée en l'occurence à notre vaillant ami M. Dambrun.

Mais nous nous plaisons à reconnaître aussi bien dans la direction de la société « le Damier » que dans celle de la « Tribune des Damistes » et pour la réussite de toutes ces manifestations, que nous avons été puissamment secondés, d'abord par M. Fauché, le sympathique directeur du *Bavard*, à qui l'on doit, entre parenthèses, la publication de ce livre, ensuite par nos amis Portanguen, Pialoux, Coustouzy, Rabattu, Ortigé, Bonnard, César, Mathis, Chauvet, Plagnol, Raphaël, Weïss, Berna, Gras. Leur collaboration fut précieuse.

Leurs conseils éclairés et leur dévouement facilitèrent notre tâche.

Nous leur devions cet hommage.

Balédent fut le précurseur de ce mouvement. Par ses écrits, par sa fortune, il avait préparé le terrain.

Nous continuerons cette revue damiste en faisant connaître à ceux de nos lecteurs qui pourraient les ignorer, les noms de la brillante phalange de nouveaux et jeunes joueurs que les nombreuses rencontres de ces temps derniers ont mis en vedette.

D'abord, l'étoile naissante, déjà citée plus haut et vers qui vont tous les regards : le petit Fabre, le Futur, comme l'appelle Weïss ; puis Bonnard, qui, *s'il veut*, fera de grandes choses ; ensuite Molimard, Ottina, Grange, Michel, Degraëve, Sonier, Géva., Costa, Torné, Pernet, Giroux, Fauchier, Bizot, Dumont, Serf, Jahan, Labrosse, Thibault, Guiot, César, Raphaël fils, Coste, Renoux, Hyver, Dambrun, Féraud, Mathieu, Balthazar, Pané. Les plus grandes espérances leur sont permises. Ce seront des champions redoutables. S'ils ne menacent pas encore Weiss, s'ils n'ont pas déjà éclipsé les Raphaël et les Barteling, on peut être sûr qu'ils seront demain les maîtres des champions de la vieille école.

Garoute, Balédent, Gras, Portenguen, Kaminski, Moyencourt, Carle, Vardon, Barathon, Arnaud, Malleval, Séard, Bonnet, Risse, ont jeté leur dernier feu et s'enfoncent lentement dans la pénombre, dans l'oubli.

Et puisque nous avons devant les yeux ce kaléidoscope du Damier, nous n'aurons garde d'oublier les morts de ces dernières années.

Les joueurs : Victor Jean, de Heer, docteur Dussaut, Magnagnoz, Leclercq, Zimmermann, Lesage, les problémistes Bouvet, Jacquot, Blankenaar père, Cot, se sont suivis à peu de distance. Leurs noms sont écrits au frontispice du Panthéon damiste à la suite de ceux de Manoury, Blonde, Huguenin, Louis, Grégoire...

Revenant parmi les vivants, nous glisserons sur la réputation, un peu surfaite, des Sénégalais Gnam et Bopo-Dia et du Canadien Maillé, mais il faut rendre justice à la grande valeur des maîtres joueurs hollandais Battefeld, Vervloët, Van den Brœk, Hoogland, tous très près du champion de Haas. Et, pour peu que le jeune Soudanais Kandi ait progressé, il doit être actuellement de toute première force.

Enfin, nous ne marchanderons pas le tribut de notre admiration aux Œdipes modernes, aux étonnants solutionnistes dont le *Banard* a. maintes fois narré les exploits.

Gras, Weïss, Bonnard, Guillemin, Goutier, Chabriel, Stüte, César, Defoy, Lamiralle, Dambrun, sont des phénomènes qui se font un malin plaisir de mettre à nu en quelques minutes, quelquefois en quelques secondes, les conceptions les plus abstraites, les problèmes les plus ardus, les combinaisons les plus machiavéliques d'un Blankenaar fils ou d'un Berna.

Et maintenant, à l'adrèsse des détracteurs et des indifférents, que l'on nous permette d'intercaler ici ce que nous écrivions, il y a peu de jours dans les hospitalières colonnes du *Petit Marseillais* :

« ...Il est bon de dire qu'il n'est pas mal de gens qui, ignorant le damier, le considèrent comme un jeu d'enfants, sans profondeur et exempt de méthode et de tactique.

« C'est là une profonde erreur !

« Le jeu de Dames, inépuisable dans ses calculs, provoque les abstractions les plus inextricables.

« Edgar Poë ne craint pas de proclamer la suprématie du modeste « jeu de Dames » sur tous les jeux de combinaisons, même celui des échecs.

« Il est certain que c'est un jeu de stratégie, qui est digne de la considération que l'on cherche à attirer sur lui.

« Il exerce l'intelligence et l'esprit de pénétration et de déduction.

« La variété des incidents qui se produisent au « jeu de Dames », la multitude des combinaisons, la découverte que l'on y fait chaque jour de nouvelles finesses, de nouveaux coups, en feront toujours un jeu captivant, passionnant même.

« Une idée désavantageuse sur ce jeu n'a pu venir qu'à ceux qu'un défaut d'intelligence met hors d'état d'en connaître et d'en apprécier les beautés.

« D'autre part, il est certain que, pour arriver à l'apprécier sainement, il est nécessaire d'avoir un peu essayé de l'approfondir au contact des maîtres. Enfin, on ne peut acquérir une certaine force qu'après quelques années d'études suivies.

« On aurait fort mauvaise grâce d'ailleurs, à mépriser un jeu qui fut le délassement favori d'une foule d'illustres personnages : Marot, les deux Rousseau, Jean-Baptiste et Jean-Jacques ; Philidor, le célèbre joueur d'échecs : La Condamine, Beaumarchais, Maurice de Saxe, Edgar Poë, de Calonne, Bernadotte, Thiers, etc., etc. »

Nous n'insisterons pas davantage dans cette préface.

Le *Bulletin mensuel du Damier Français*, créé par Dambrun, aide le *Bavard* à propager et à vulgariser le noble jeu.

Tous les damistes français, d'ailleurs, lisent le *Bulletin du D. F.* et le *Bavard*, mais ne lisent guère que ces deux organes, qui ont également quelques lecteurs en Suisse, en Belgique, en Hollande et au Canada.

Nos amis les Hollandais ont un périodique, *Het Damspeel*, lu par tous les damistes des Pays-Bas et par quelques joueurs belges et français.

Ces trois publications ont la satisfaction de présider actuellement à une véritable Renaissance du jeu de Dames. Ainsi, dans une ville comme Toulouse qui ne possédait, il y a deux ans, qu'une douzaine de damistes isolés, on peut voir actuellement trente grandes sociétés qui semblent sorties de terre sous la baguette magique de l'ami Coustouzy, à qui nous avons confié la mission d'évangéliser ce pays mi languedocien mi gascon, véritable pépinière d'artistes au cerveau ardent et d'athlètes au cœur bien attaché.

Après le livre de de Haas en Hollande, le livre de Weïss vient donc à son heure en France. Émanant d'un pareil maître, cette œuvre ne peut que voir le succès lui sourire. Weïss l'invincible, était désigné mieux que tout autre pour écrire un ouvrage qui serait en France, ce qu'est en Hollande le traité de de Haas : le livre national, que tout véritable amateur doit posséder.

Le livre de Weïss : *Tactique et Stratégie du Jeu de Dames*, est divisé en quatre parties.

La première partie comprend tous les coups remarquables que le maître a exécutés dans ses rencontres avec des joueurs de première force ; coups préparés, provoqués, forcés presque, avec une habileté prodigieuse et une sûreté incomparable.

Ces coups qui souvent foudroient l'adversaire au moment précis où il se croit le maître du terrain.

Semblable à ces superbes lutteurs de l'école bordelaise qui, levant les bras en l'air offrent à leurs rivaux, plus puissants qu'eux, des prises qui semblent formidables et profitent de la manœuvre adverse pour placer les mille coups de lutte de leur légendaire répertoire, Weïss a bien souvent réussi ses plus belles combinaisons après s'être, à dessein, laissé dominer, enlacer, enchaîner.

Tout le monde aujourd'hui s'occupant de sport, nous pouvons préciser les comparaisons et dire que c'est absolument Gambier, offrant ses mains et plaçant le « Tour de bras à la volée »; Aimable, accroupi, livrant ses reins pour exécuter son « Bras roulé »; Laurent le Beaucairois, levant les bras pour placer un « Tour de hanche en tête ». C'est Sabès, réussissant à l'adversaire, soudainement désemparé, l'éblouissante « Ceinture en souplesse » !

Le jeu de Weïss c'est encore mieux que tout cela : C'est la science du bénédictin unie à la ruse de l'Apache ; c'est l'habileté, la souplesse et l'adresse du petit jiu-jitsuan Japonais alliées à la force musculaire et massive du colosse Russe.

C'est de Haas et Raphaël à la fois.

C'est l'art du Damier dans ce qu'il a de plus complet, de plus subtil, de plus audacieux, de plus brillant et de plus noble ; c'est l'art français dans toute sa beauté.

Dans la deuxième partie, on trouvera des études ou coups composés, tirés pour la plupart de coups faits en jouant.

La troisième partie est le recueil de tous les problèmes créés par le champion.

Enfin la dernière partie de l'ouvrage est la plus instructive sinon la plus intéressante.

Il y a là les trente meilleures parties jouées par Weïss, soit en matches soit en concours contre les plus fameux joueurs de notre époque et analysées et critiquées par Weïss lui même.

Voici les principaux concours et matches joués par Weïss.

PARIS 1894. — 1^{rs} ex-æquo : Barteling, Dussaut et Raphaël, 19 points ½ ; 4e Weïss, 19 points.

Dans les battus : Leclercq, Kandi, Maguenoz, Beudin, Le Goff, Zimmermann, etc.

MARSEILLE 1895. — 1er Leclercq, 22 points ; 2e Raphaël, 21 points ½ ; 3e Victor Jean ; 4es ex-æquo Weïss et Garoute.

Dans les battus : Barteling ; Revertégat ; Le Goff, etc.

PARIS 1895. — 1er Weiss, 21 points ½ ; 2e Zimmermann, 20 points ; 3e Kandi.

Battus : Dussaut ; Bartheling ; Beudin, etc.

AMIENS 1899. — 1er Weïss, 31 points ; 2e Raphaël, 28 points; 3es ex-æquo, Dussaut et Barteling, 22 points.

Battus : Degraëve ; Zimmermann ; Leclerq ; Balédent ; Beudin ; Le Goff.

PARIS 1900. — 1ers ex-æquo Weïs et Beudin ; 3e Chardonnet ensuite Dussaut, Moyencourt ; Degraëve ; Vervloet ; Balédent ; Zimmermann.

Weïss et Bendin matchent en trois partie. Weïs gagne les deux premières, la troisième n'est pas jouée.

PARIS 1902. — 1er Weïss ; 2e Leclerq ; 3e Barteling.

PARIS 1909. — 1er Weïss ; 2e Molimard ; 3e de Haas.

Outre ces concours, Weïs joue un grand nombre de matches et n'en perd aucun.

Avec Leclercq, un premier match est gagné par Weiss ; un second nul.

Avec Dussaut, en 1899, 20 parties ; Weiss en gagne 8 ; en annule 9 ; n'en perd que 3.

Un autre match en 3 parties avec Dussaut donne : Weïss 2 gagnées.

Raphaël perd également de deux parties sur trois en 1899, mais il fait égalité en 10 parties en 1901, pour reperdre deux fois contre l'Invincible en 1904 et 1908. Enfin, il égalise en 15 parties en 1909.

Entre temps, Barteling était écrasé en sept parties.

Le champion hollandais, de Haas, égalisait avec Weiss en 1904 dans un premier match en 10 parties. En 1907, seconde rencontre en 20 parties, Weiss gagne 3 parties. De Haas n'en gagne que 2, la première et la dernière ! Quinze parties se terminent par la remise !! (1).

Weïss, on le voit triomphe pour la première fois, en 1895 et ne cesse, depuis, de se couvrir de gloire. Tous les efforts viennent se briser à ses pieds.

C'est le champion !

Ci-dessous la bibliographie du Jeu de Dames Français moderne ou Jeu à la Polonaise :

Laclef, 1736 à 1740 (?), Paris.
Manoury, 1750, Bruxelles.
Manoury, 1770, Paris.
Philidor (Manoury revu), 1785, Amsterdam.
Embden (Van), 1785, Amsterdam.
Manoury, 1787, Paris.
Encyclopédie méthodique, 1792, Paris.
Blonde, 1798, Paris.
Encyclopédie méthodique, 1800, Paris.
Lallément (J.-C.), 1801-1802, Metz.
Maillet (F.), 1804, Marseille.
Twis (Richard), 1805, Londres.
Dufour (M.), 1807 à 1808, Paris.
Pohlman (J.-G.), 1811, Londres.
Everat (A.-A.), 1811, Paris.
Koch (J. F. W.), 1811, Magdebourg.
Pohlman, 1815, Londres.
Zimmermann (Ferd.), 1821, Cologne.
Commard (Laurent), 1823, Paris.
May. van Vollenhoven (G.), 1826, Rotterdam.
Montag (G.-Bernhard), 1831, Leipzig.
Sonzogno (Laurent), 1832, Milan.
Luyks (M. J.), 1836, Rotterdam.
Roy Reuben, 1837, Londres.

---

(1) Raphaël, outre ses rencontres avec Weiss, a gagné, en 1894, le concours international de Lyon devant Kandi, Berluirat, Le Goff, Garente, Aloshane, etc. La même année le voir premier, à Paris, ex æquo avec Dussaut et Barteling.

En 1895, il bat le fameux Victor Jean en 10 parties.

A Bordeaux, en 1900, il a difficilement raison de Grange.

Il arrive premier à Marseille, en 1908, devant Bonnard, Revertégat, etc.

H... T..., 1844, Paris.
Langlumé, 1845, Paris.
Van Tenac, 1845, Paris.
Jaffa (Mortier), 1846, Paris.
Grégoire (G.), 1847, Paris.
Van Embden, 1848, Amsterdam.
Bohn (Henri-C.), 1850, Londres.
Manoury, 1850, Paris.
Bohn (H.-G.), 1850, Philadelphie.
Lamarle, 1852, Bruxelles.
Poirson-Prugneaux, 1855, Commercy.
Alix (Ch.), 1860, Paris.
Grégoire (G.), 1861, Paris.
Lallement, 1862, Paris.
Leboucher (Armand), 1862, Dieppe.
Bom (G.-Théodore), 1866, Amsterdam.
P. V. D. S. et Eug. van Dame, 1871, Gand (Belgique).
Lefèvre (Th.), 1875, Paris.
Manoury, 1875, Paris.
Ezéchias, 1875, Paris.
L'abbé Durand, 1877, Paris.
Balédent (G.), 1881, Amiens.
Manoury, 1883, Paris.
Lucas (Edouard), 1883, Paris.
Crassier, 1883, Amiens.
Heinz Creidner, 1886, Leipzig.
Balédent (G.), 1886, Amiens.
Vardon, 1889, Amiens.
Beudin (G.), 189... ou 19... (?), Paris.
Bolze, 1901, Lyon.
Bartcling, 1901, Amiens, et 1902, Saint-Quentin.
Brœkamp (C.-H.), 1907, Amsterdam.
J. de Haas et Ph.-L. Battefeld, 1908, Gouda (Hollande).
Weïss (Isidore), 1909, Marseille.

Cette bibliographie est la seule complète, que nous sachions.

On pourrait y ajouter les collections de journaux spéciaux qui ont cessé de paraître. La *Tribune du Damiste* (Nicod) ; la *Gazette du Jeu de Dames* (Balédent); la *Tribune des Damistes* (Balédent) ; *Damkunst* (V. den Brœck) ; le *Jeu de Dames* (Leclercq); la *Revue des Jeux* ; le *Damiste*.

En terminant, nous prions nos lecteurs de bien vouloir excuser cette trop longue préface.

Mais nous avons seulement voulu sans prétention littéraire, lever un coin du voile qui cache aux profanes le monde si particulier des chevaliers du Damier, et leur présenter notre ami Weïss et son œuvre.

F. BOUILLON.

PREMIÈRE PARTIE

PREMIÈRE PARTIE

COUPS EN JOUANT

Coups en jouant tels qu'ils se sont présentés et ont
été exécutés par l'auteur dans des parties de matches ou
de concours jouées contre des Maîtres.

N° 1. — Fait à M. Grange

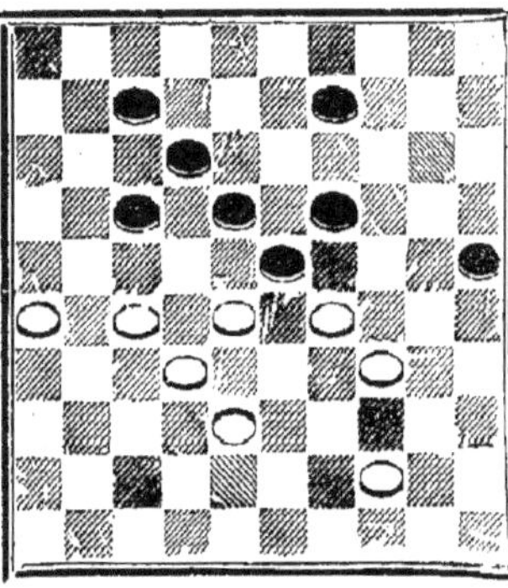

N° 2. — Fait à M. Chardonnet

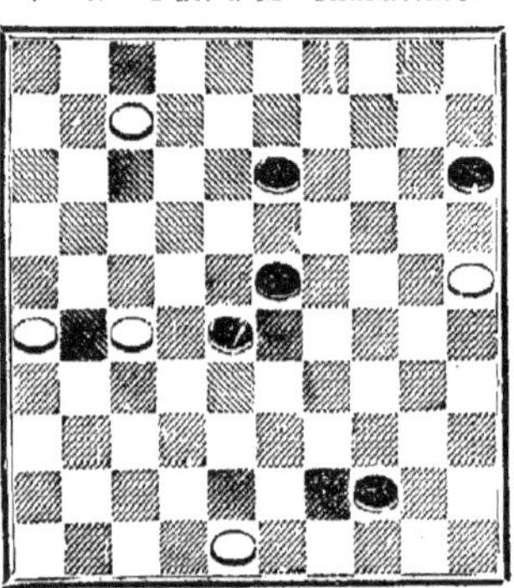

N° 3. — Fait à M. Zimmermann

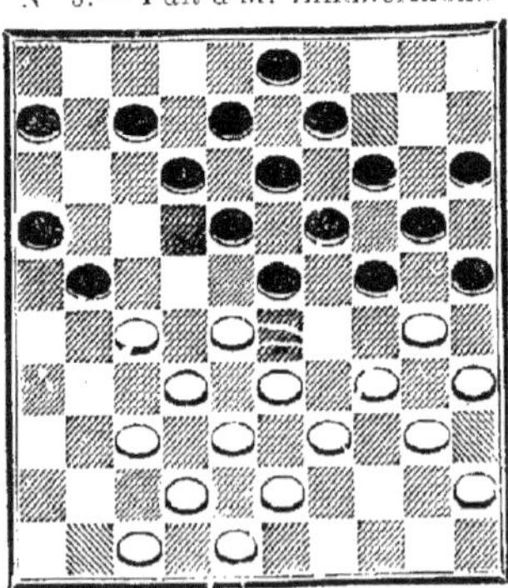

N° 4. — Fait à M. Barteling

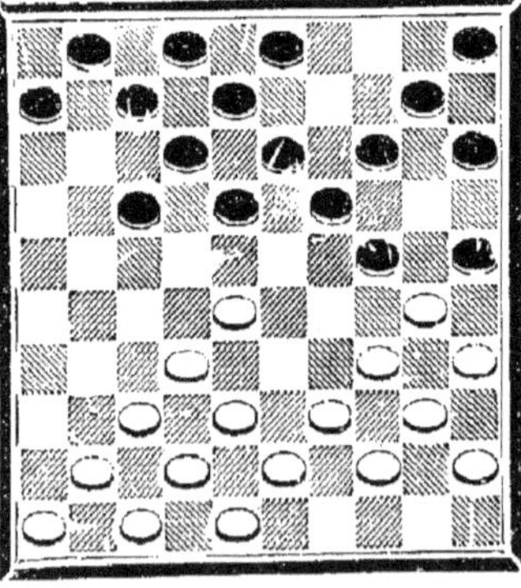

N° 5.— Fait à M. Van Vyck

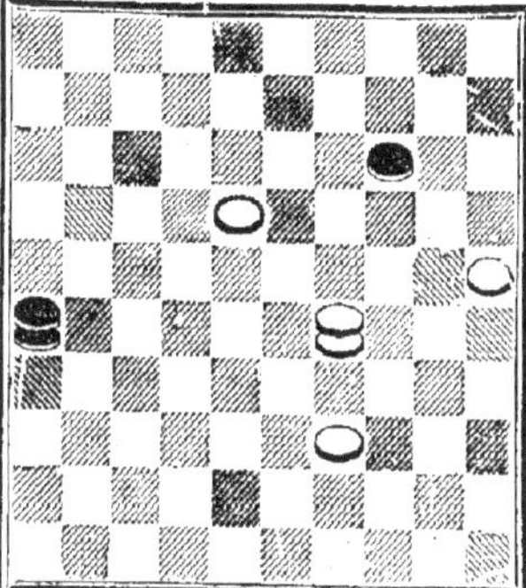

N° 6. Fait à M. Ottina

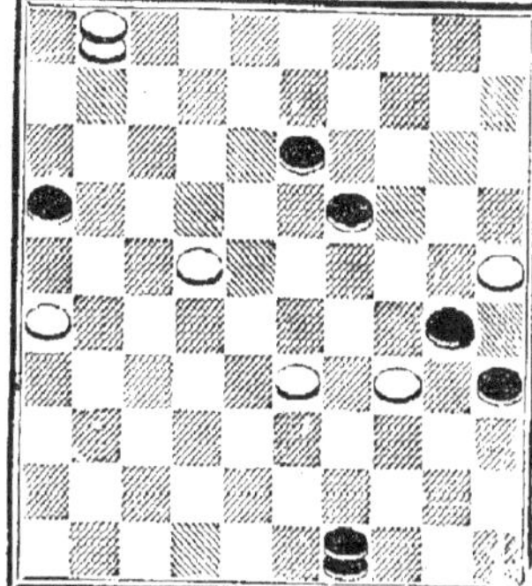

Sur l'attaque de 24.30, les Noirs perdent. En jouant d'abord 16.21 et ensuite 24.30, ils perdent aussi.

N° 7 Fait à M. Kleeberg

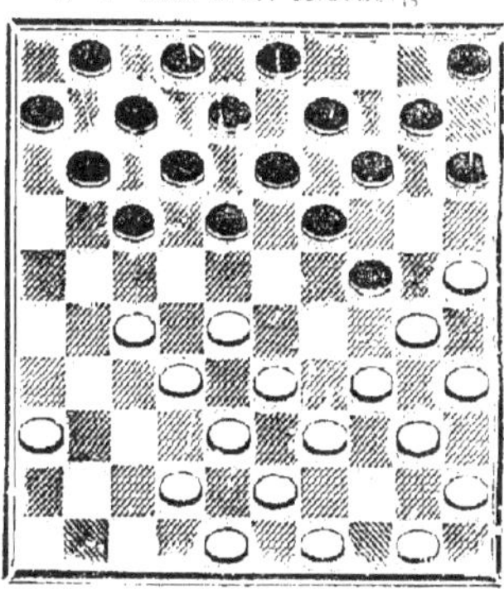

N° 8 Fait à M. Grange.

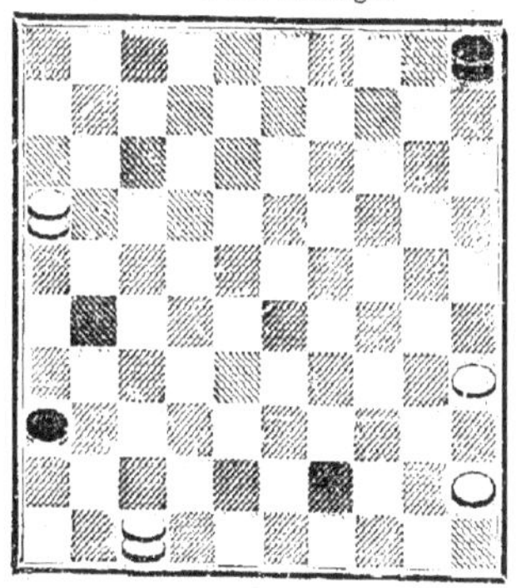

N° 9 Fait à M. Van Vyck

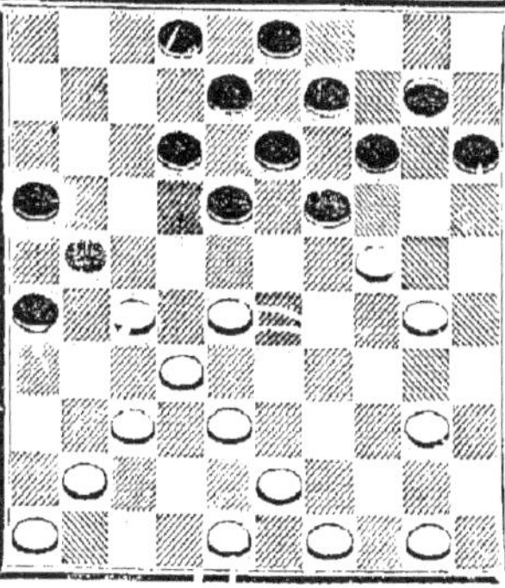

Les noirs jouent et croyant gagner le pion le perdent

N° 10 Fait à M. Leclercq
Au concours d'Amiens

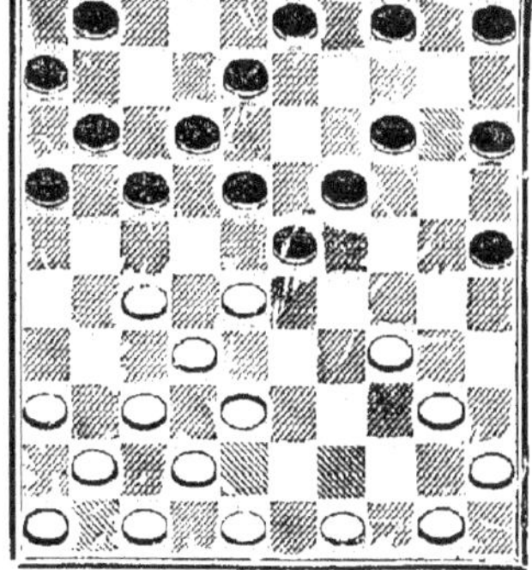

N° 11 Fait à M. Barteling

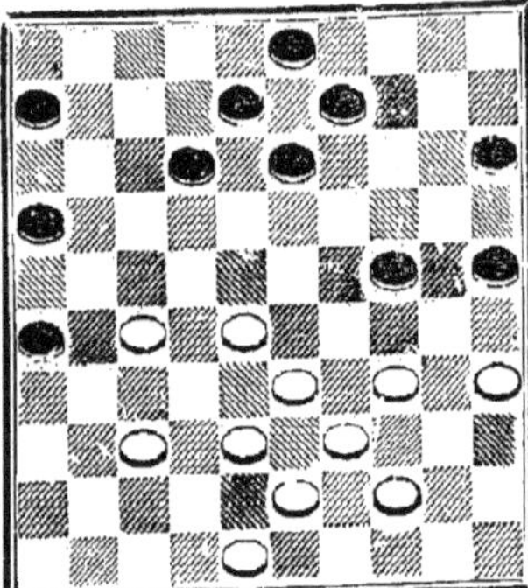

N° 12 Fait à M. Mathis

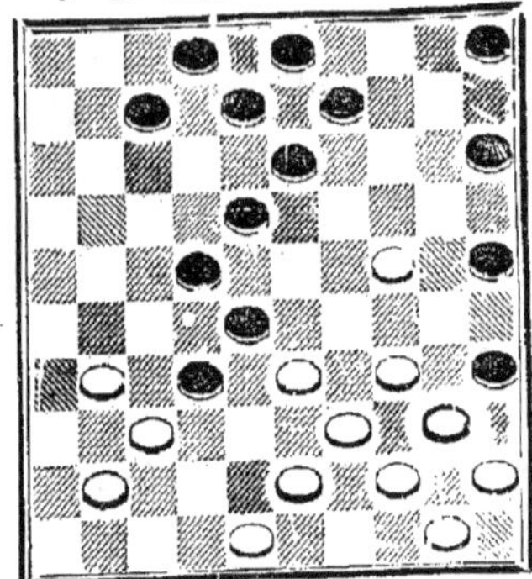

Les blancs tentent la faute.

N° 13 Fait à M. Ottina

N° 14 Fait à M. Dussaut
Coup de position

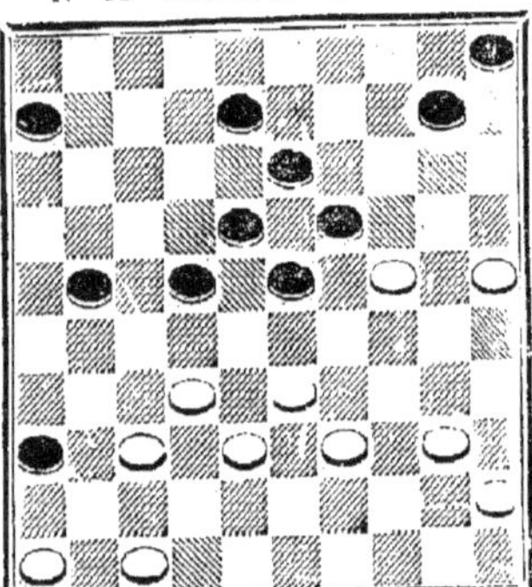

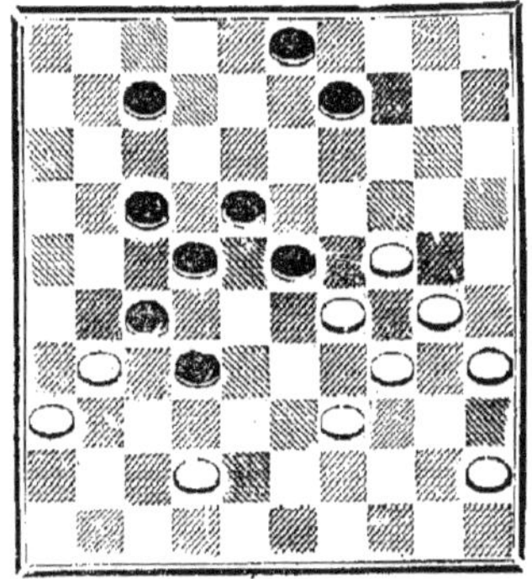

N° 15 Fait à M. Ruef.

N° 16 Fait à M. Barteling.

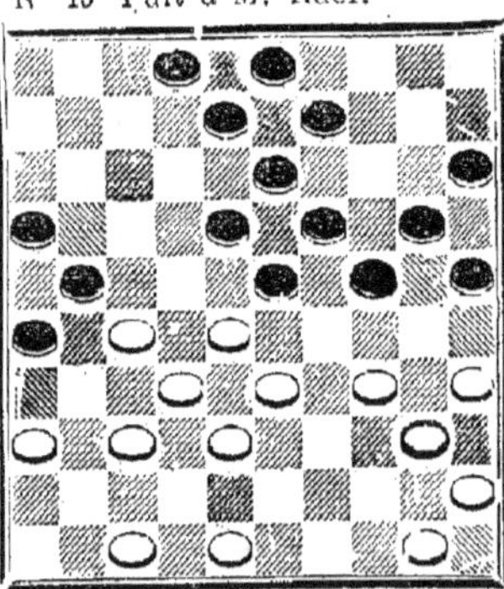

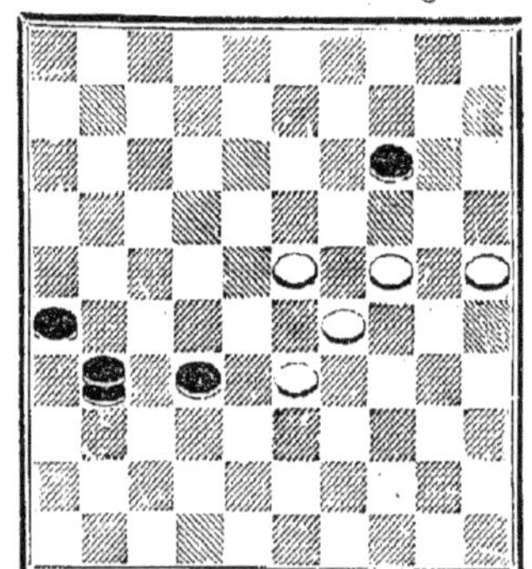

Dernier coup joué, 39.34 pour
tendre un piège.

Les blancs annulent.

N° 17 Fait à M. Van Vyck.

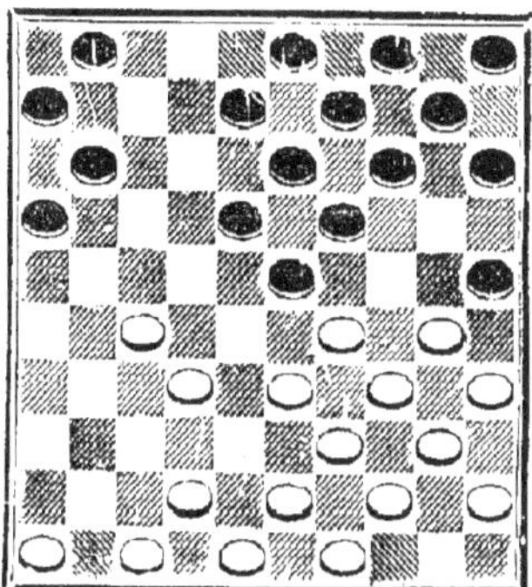

N° 18 Fait à Kleeberg.

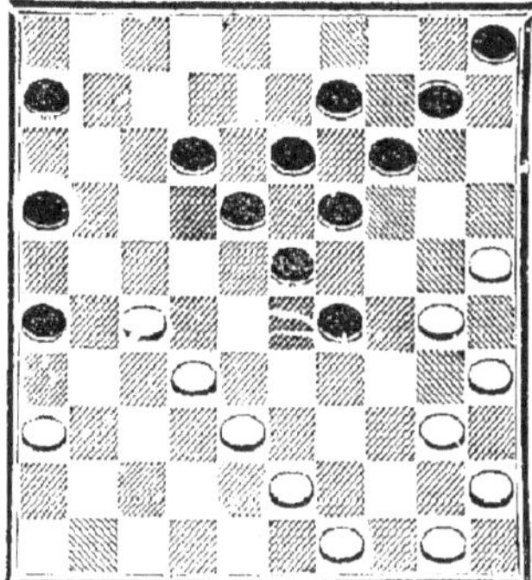

Dernier coup des blancs : 31.27, laissant aux noirs le dégagement par 18.22, qui leur fait perdre le pion.

N° 19 Fait à M. Dussaut.

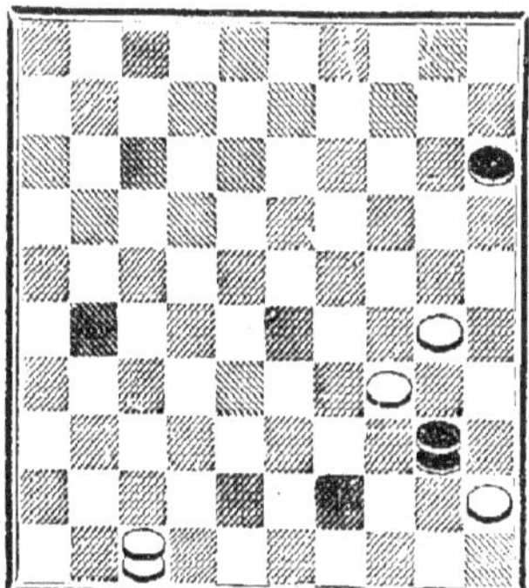

N° 20 Fait à M. Zimmermann.

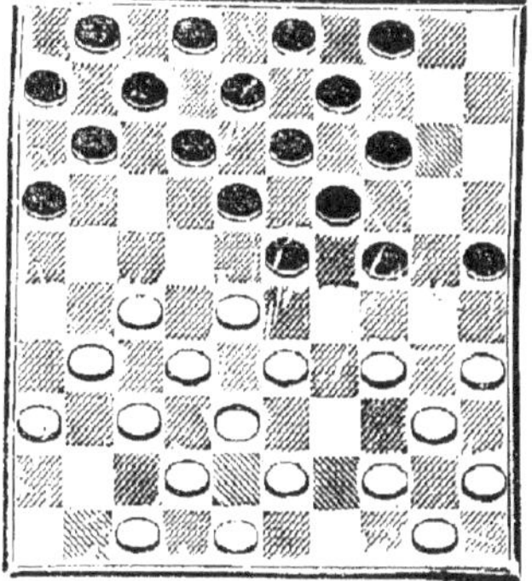

Les blancs ont joué 39.34 pour tendre le piège.

Dernier coup des blancs : 39.34. Les noirs, croyant gagner un pion, perdent la partie.

N° 21 Fait à M. Ottina

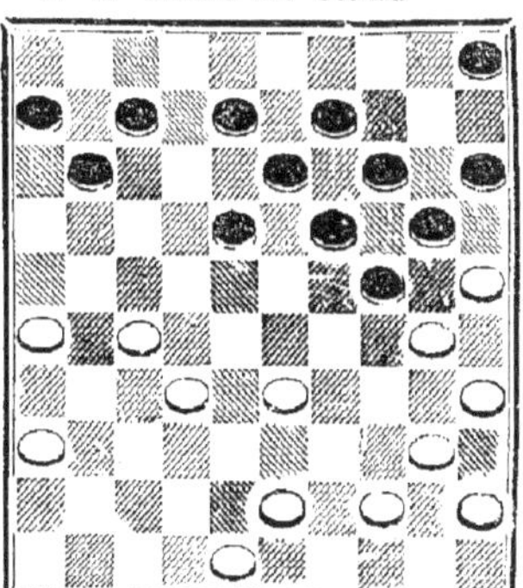

N° 22 Fait à M. Kleeberg.

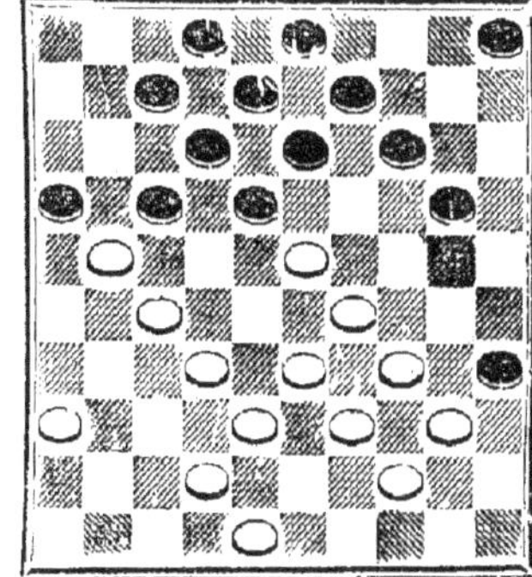

Dernier coup des blancs 39.33, laissant aux noirs le dégagement par 24.29.

N° 23. — Fait à M. Raphaël au
Match de Marseille de 1904

N° 24   Fait à M. Dussaut.

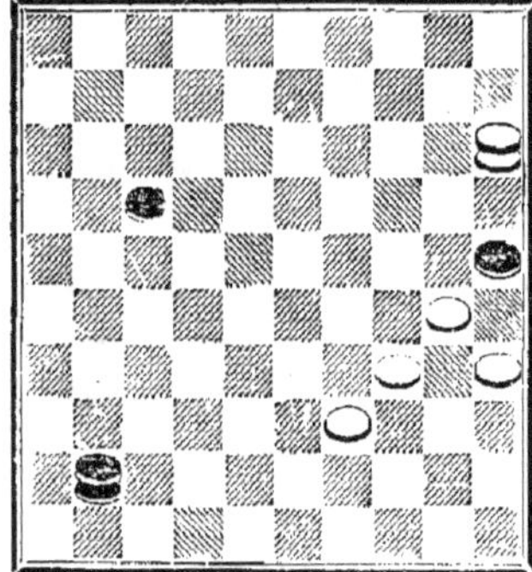

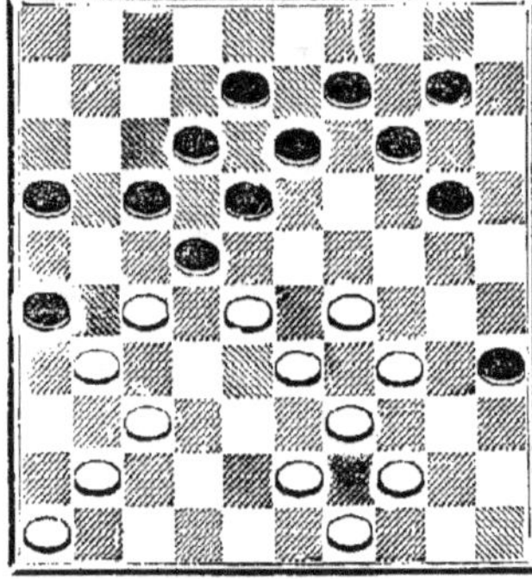

Les blancs vont jouer 15,33,
tentant la faute.

SOLUTIONS

de la Première Partie

N° 1 (Grange)

Blancs	Noirs
27 — 22	18 — 27
29 — 18	12 — 23
32 — 1	23 — 43
34 — 29	19 — 23 forcé
29 — 18	9 — 14 forcé
44 — 39	43 — 34
1 — 6 gagné	

N° 2 (Chardonnet)

Blancs	Noirs
27 — 22	28 — 17
7 — 2 gagné	

N° 3 (Zimmermann)

Blancs	Noirs
33 — 29	24 — 31
37 — 17	12 — 21
32 — 28	23 — 32
38 — 27	21 — 32
30 — 24	19 — 30
35 — 24	20 — 29
34 — 1 gagné	

N° 4 (Barteling)

Blancs	Noirs
28 — 23	si 19 — 28
32 — 23	18 — 29
34 — 23	25 — 34
40 — 18 gagné	
	si 18 — 29
	même résultat

N° 5 (Van Vyck)

Blancs	Noirs
39 — 34	26 — 3
18 — 12 .	3 — 26
29 — 42	26 — 30
25 — 34 gagné	

N° 6 (Ottina)

Blancs	Noirs
33 — 29	30 — 39
29 — 24	19 — 30
25 — 43	49 — 18
1 — 45 gagné	
	si 16 — 21
26 — 17	24 — 30
33 — 28	30 — 39
28 — 23	19 — 28
22 — 44	49 — 40
1 — 45 gagné	

N° 7 (Kléeberg)

Blancs	Noirs
25 — 20	14 — 25
27 — 21	17 — 26
28 — 23	19 — 37
30 — 19	13 — 24
42 — 31	26 — 37
38 — 32	37 — 28
33 — 4 gagné	

N° 8 (Grange)

Les blancs jouent 35 à 30 ; 30 à 25 ; 25 à 20 ; 45 à 40 ; 40 à 35 ; 20 à 15 ; 35 à 30 ; 30 à 24 ; 16 à 49.

Les Noirs ne peuvent empêcher les Blancs de jouer 47 à 38 et la dame noire doit quitter la grande ligne.

N° 9 (Van Vyck)

Blancs	Noirs
	19 — 23
28 — 19	14 — 23
40 — 35 gagnent le pion ou vont à Dame.	

N° 10 (Leclercq)

Blancs	Noirs
28 — 22	17 — 28
34 — 30	25 — 34
40 — 29	23 — 34
32 — 23	à volonté
27 — 21	16 — 27
38 — 32	27 — 38
42 — 4 gagné	

N° 11 (Barteling)

Blancs	Noirs
27 — 22 !	
Pour tendre le piège	
	12 — 18
34 — 30	25 — 34
	le meilleur
39 — 19	18 — 27
43 — 39	13 — 24
28 — 22	27 — 18
37 — 31	26 — 37
38 — 32	37 — 28
33 — 2 gagné	

N° 12 (Mathis)

Blancs	Noirs
24 — 19	13 — 24
34 — 30	25 — 34
40 — 20	15 — 24
44 — 40	35 — 44
31 — 27	22 — 42
33 — 4	44 — 33
48 — 39 gagné	

N° 13 (Ottina)

Blancs	Noirs
40 — 34	19 — 30
37 — 31	36 — 27
34 — 29	23 — 43
38 — 49	27 — 29
25 — 3 gagné	

N° 14 (Dussaut)

Blancs	Noirs
24 — 19	23 — 14
39 — 33 gagne de toute façon	

N° 15 (Ruel)

Blancs	Noirs
	24 — 29
33 — 24	19 — 30
28 — 19	13 — 24
37 — 31	26 — 28
38 — 33	21 — 32
33 — 4 gagné	

N° 16 (Barteling)

Coups joués

Blancs	Noirs
24 — 20	32 — 37
20 — 9	31 — 4
25 — 20	37 — 41
20 — 15	41 — 46
33 — 28	46 — 37
29 — 24	37 — 31
24 — 20	31 — 9
23 — 19	9 — 25
28 — 22	4 — 27
15 — 10	27 — 4
19 — 13 Remise.	

N° 17 (Van Vyck)

Blancs	Noirs
	18 — 22
29 — 18	22 — 31
30 — 24	19 — 30 forcé
35 — 24	13 — 22
24 — 19	14 — 23
34 — 30	25 — 34
40 — 36 gagnent un pion.	

N° 18 (Kleeberg)

Blancs	Noirs
38 — 33	29 — 38
25 — 20	14 — 34
40 — 29	23 — 34
36 — 31	26 — 28
43 — 3 gagnent.	

N° 19 (Dussaut)

Blancs	Noirs
47 — 20	15 — 35
34 — 30	35 — 24
40 — 34 gagnent.	

N° 20 (Zimmermann)

Blancs	Noirs
	24 — 30
35 — 24	19 — 39
28 — 10	39 — 28
32 — 23	si 18 — 29
10 — 5 gagnent.	
	si 4 — 15
23 — 19	13 — 24
27 — 21	16 — 27
31 — 4 gagnent.	

N° 21 (Ottina)

Blancs	Noirs
	24 — 29
33 — 24	20 — 29
25 — 20	14 — 34
35 — 30	34 — 25
27 — 22	18 — 49
40 — 35	49 — 40
45 — 1 gagnent.	

N° 22 (Kléeberg)

Blancs	Noirs
34 — 30	35 — 24
40 — 34	17 — 26
23 — 19	14 — 23
36 — 21	26 — 28
33 — 22	24 — 33
39 — 19	13 — 24
22 — 4 gagnent.	

N° 23 (Raphaël)

Blancs	Noirs
15 — 33	41 — 23
Croyant faire un pour un.	
33 — 6	23 — 45
39 — 33	25 — 34
35 — 30	34 — 25
6 — 1 gagnent.	

N° 24 (Dussaut)

Blancs	Noirs
34 — 30	35 — 24
37 — 32	26 — 37
29 — 23	18 — 38
27 — 7	38 — 27
41 — 3 gagnent.	

DEUXIÈME PARTIE

DEUXIÈME PARTIE

ÉTUDES

Coups de Position, Jeu du Pion, Prises forcées, soit tels
que l'auteur les a exécutés en jouant, soit modifiés pour
en rendre l'étude plus intéressante.

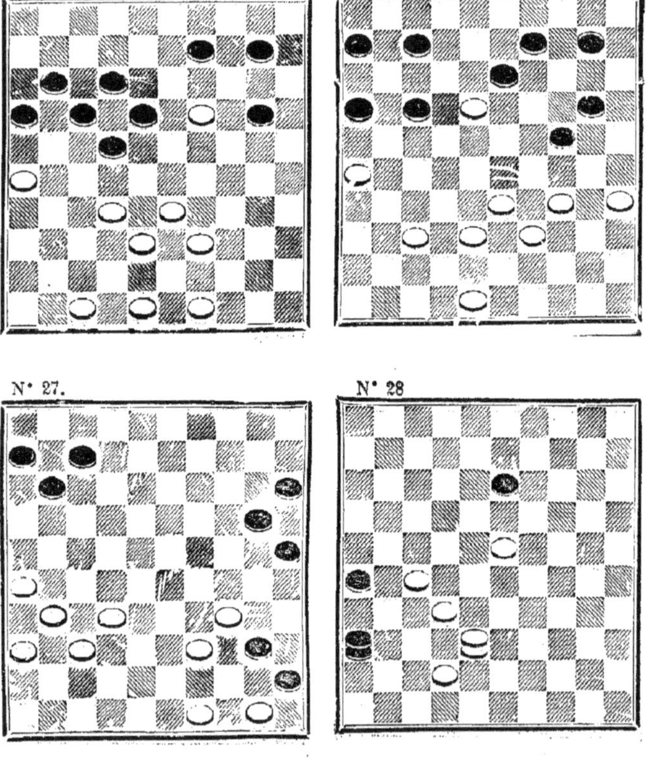

N° 29

N° 30 (Avec fin de partie)

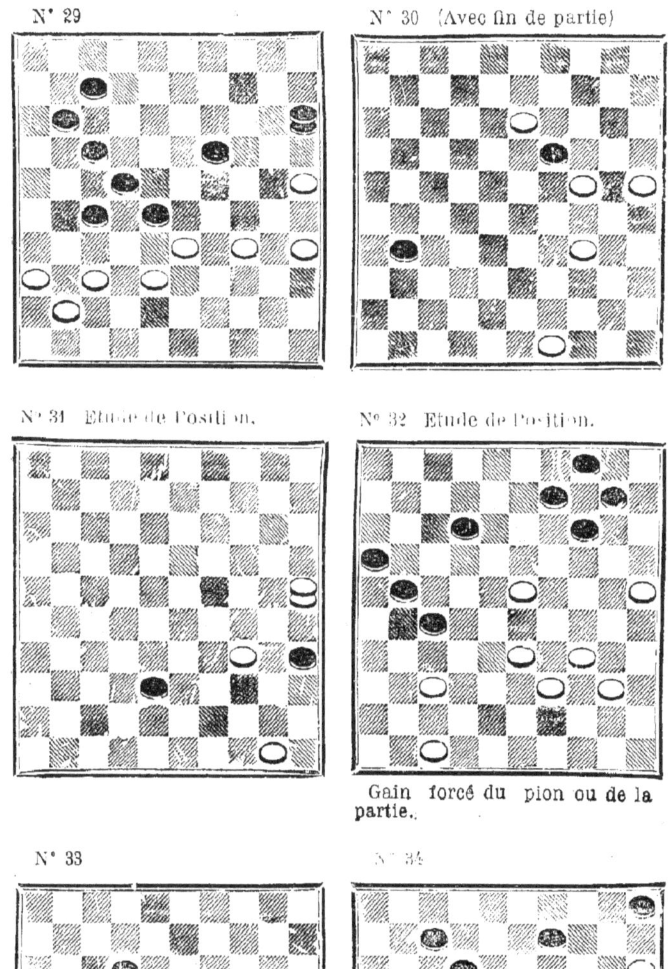

N° 31 Etude de Position.

N° 32 Etude de Position.

Gain forcé du pion ou de la partie.

N° 33

N° 34

N° 35

N° 36

N° 37

N° 38   Dédié à Mr Raphaël.

N° 39

N° 40

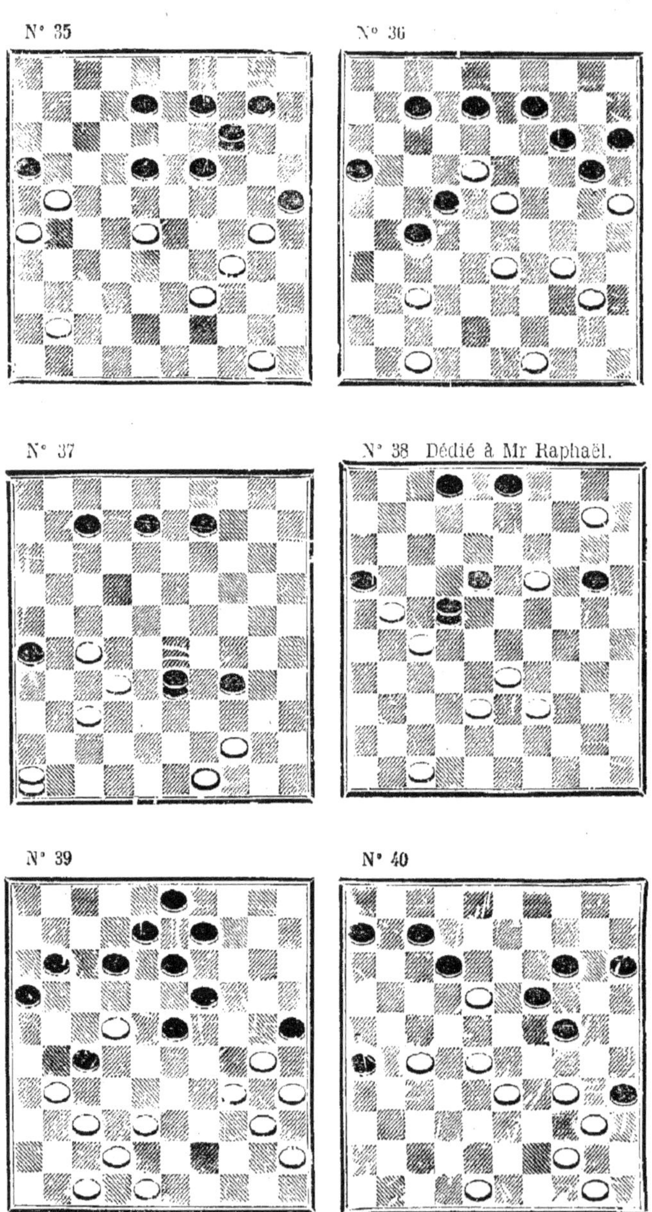

N° 41

N° 42

N° 43

N° 44

N° 45

N° 46

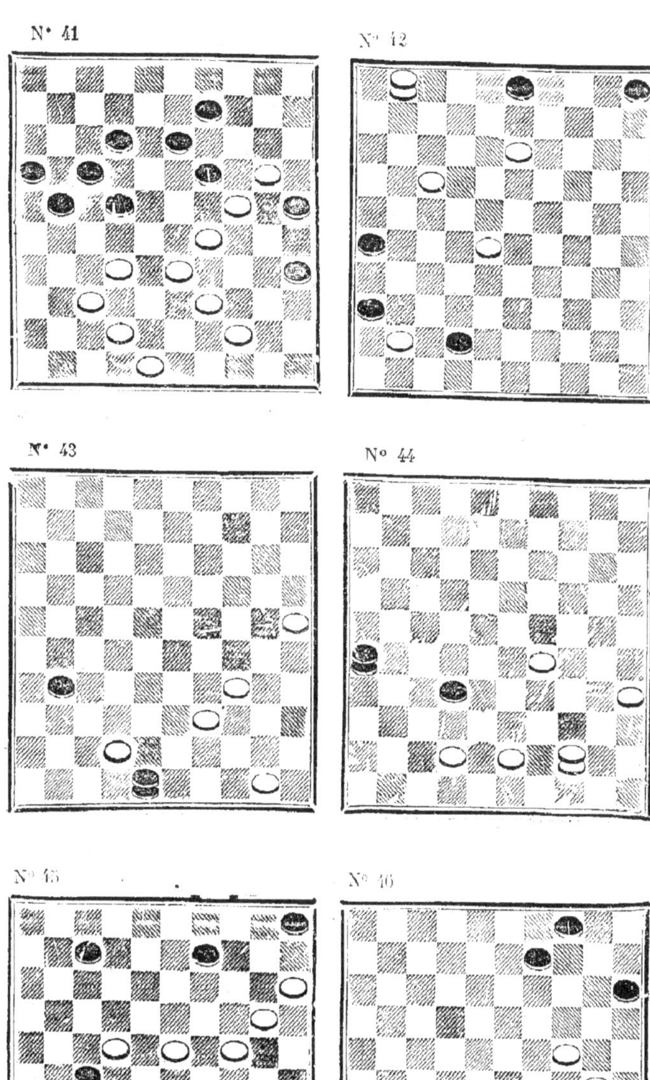

N° 47

N° 48

N° 49.

N° 50.

N° 51.

N° 52.

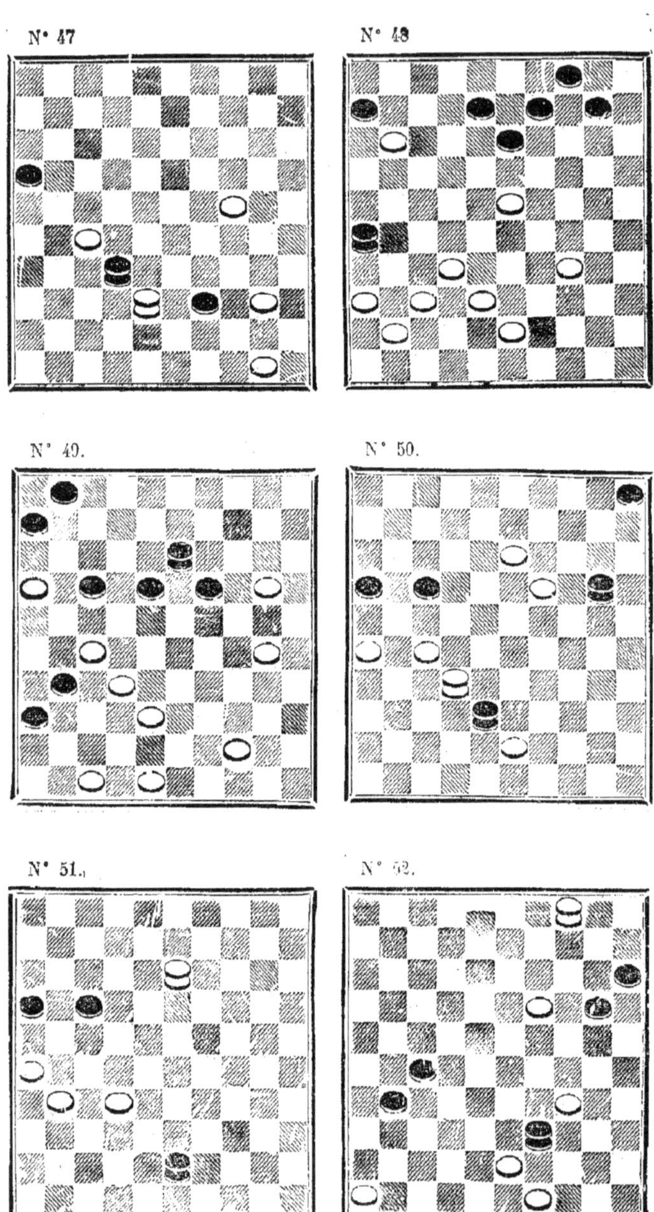

N° 53.   N° 54.

N° 55.   N° 56

N° 57   N° 58

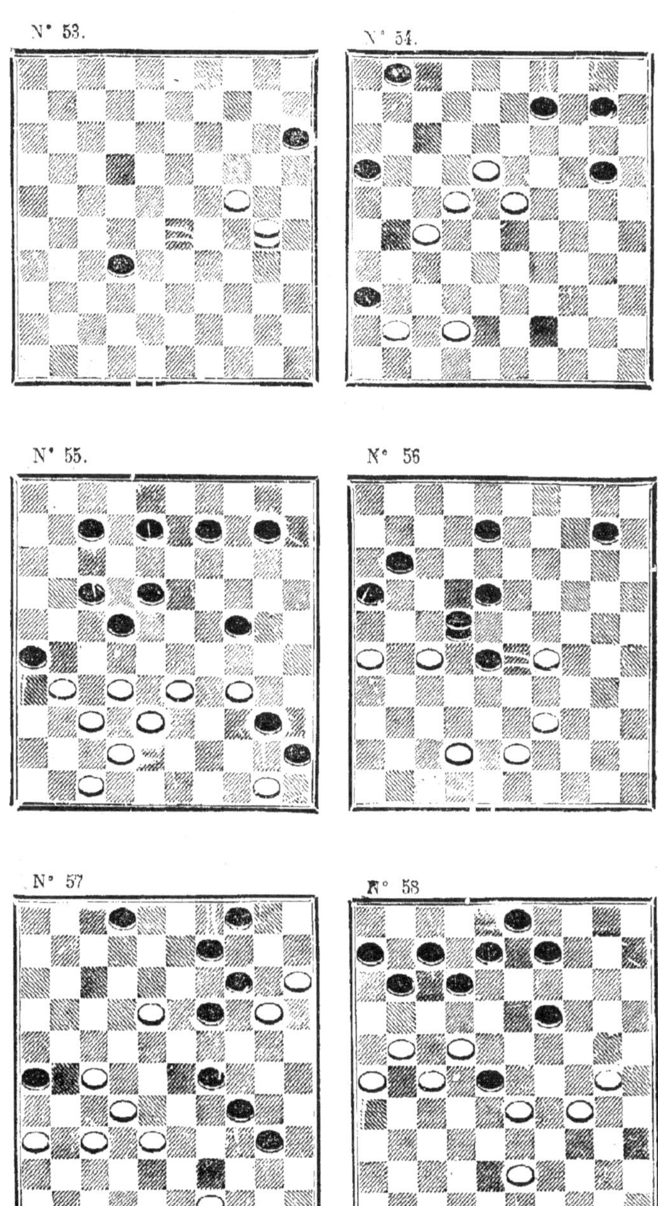

N° 59

N° 60

N. 61

N. 62

N° 63

N° 64

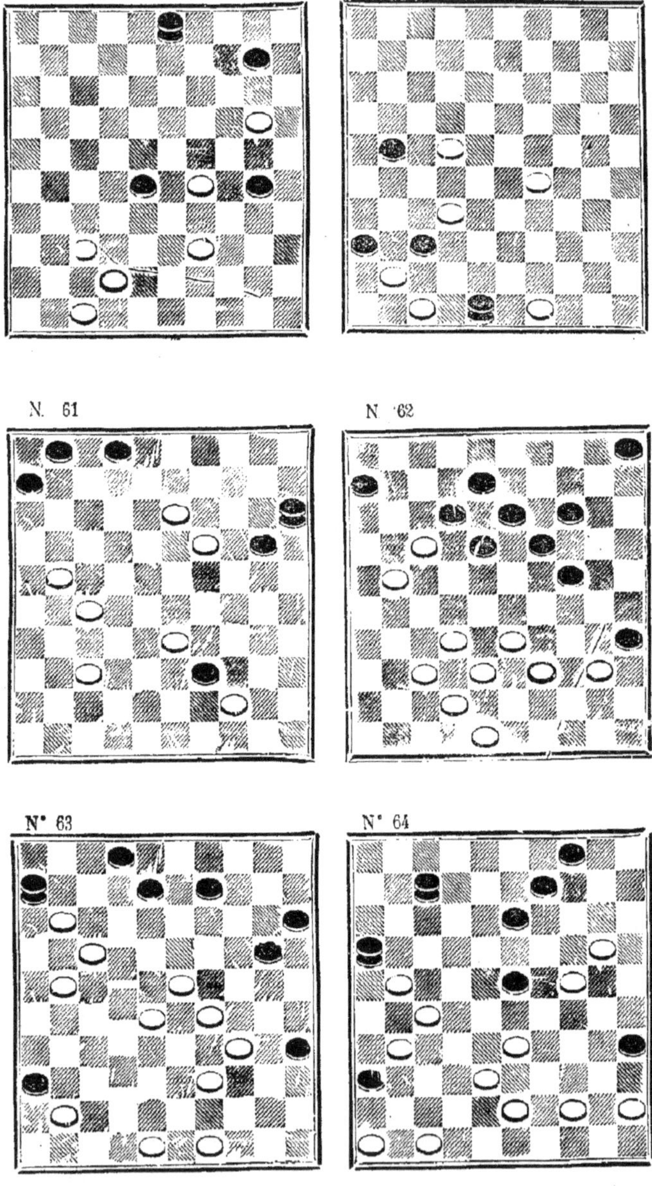

N° 65 Dédié à M. Raphaël.

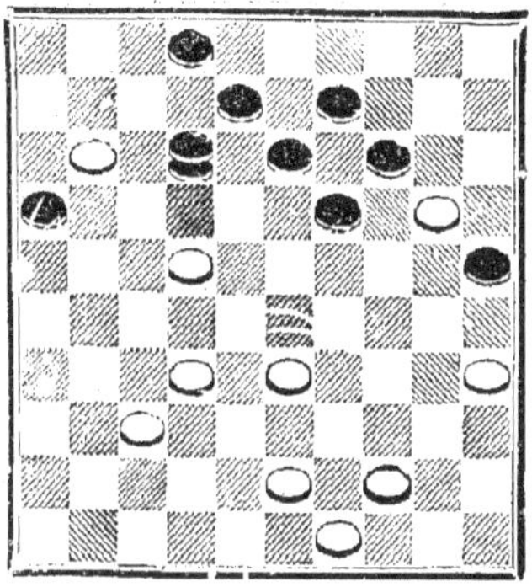

N° 66

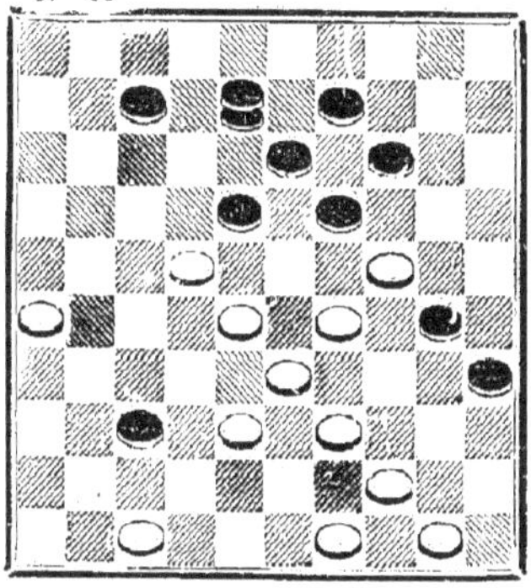

N° 67

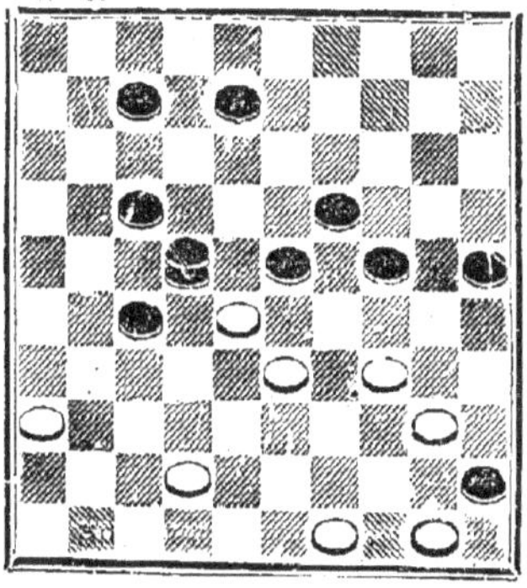

N° 68

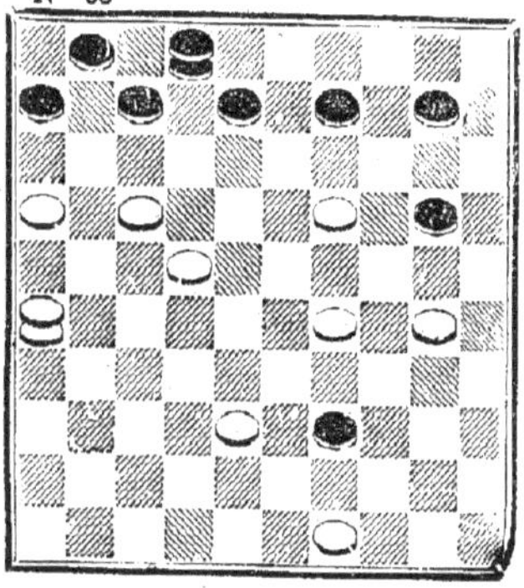

N° 69

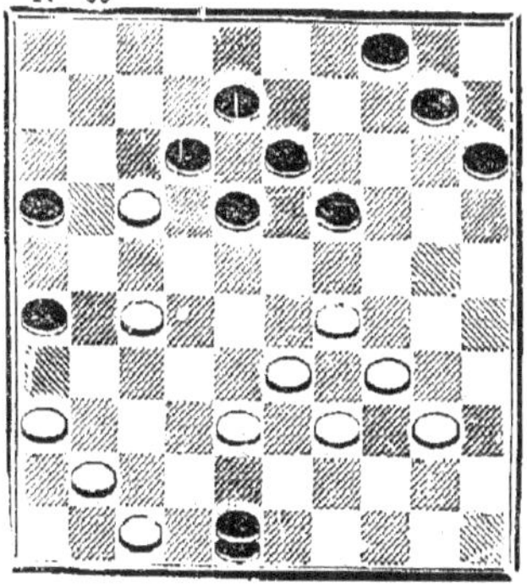

N° 70

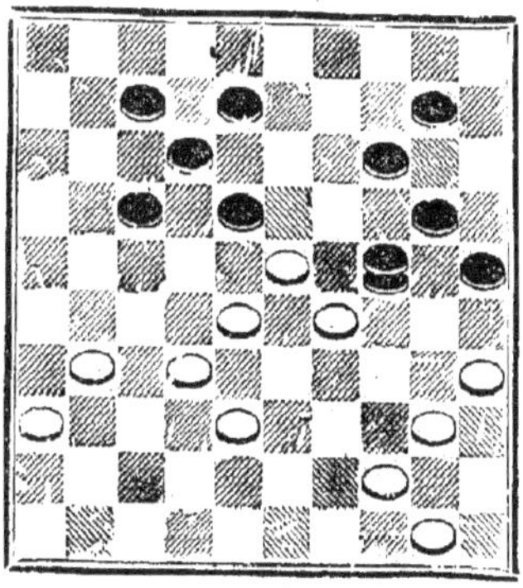

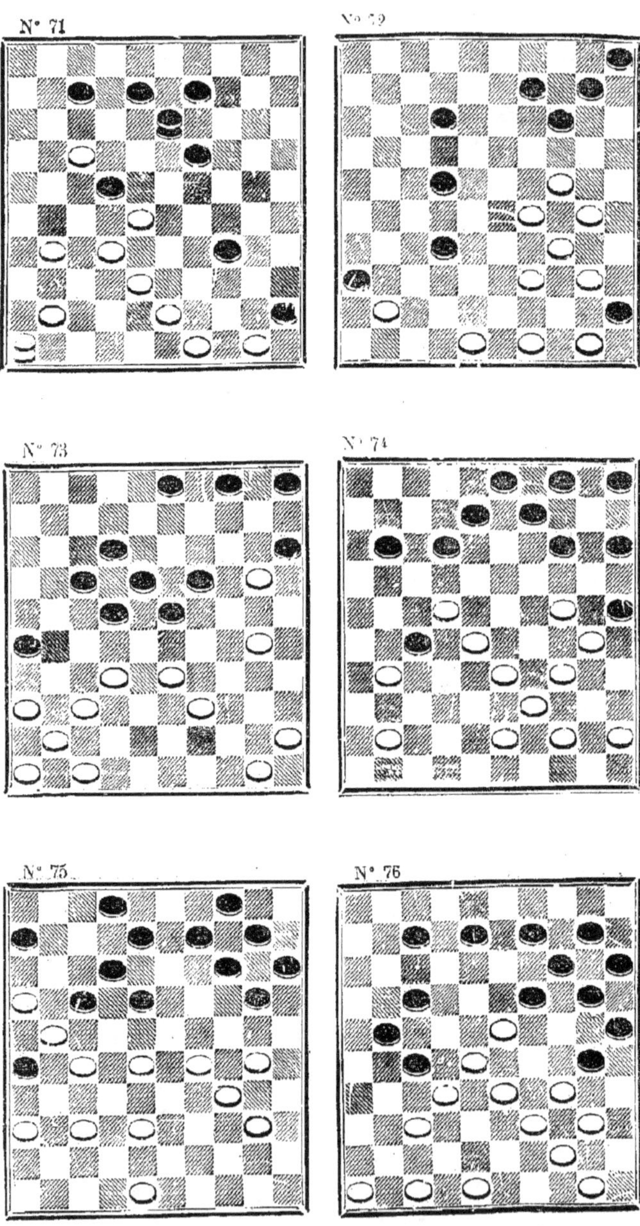

N° 71   N° 72

N° 73   N° 74

N° 75   N° 76

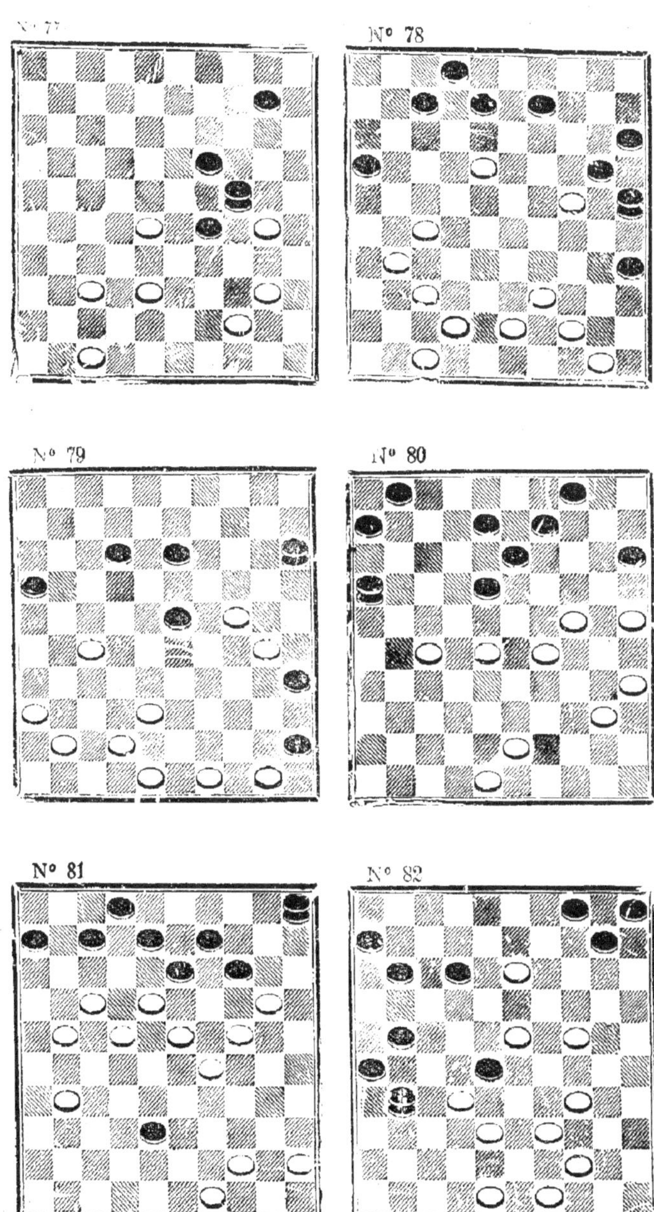

No 77
No 78
No 79
No 80
No 81
No 82

N° 83

N° 84

N° 85

N° 86

N° 87

N° 88

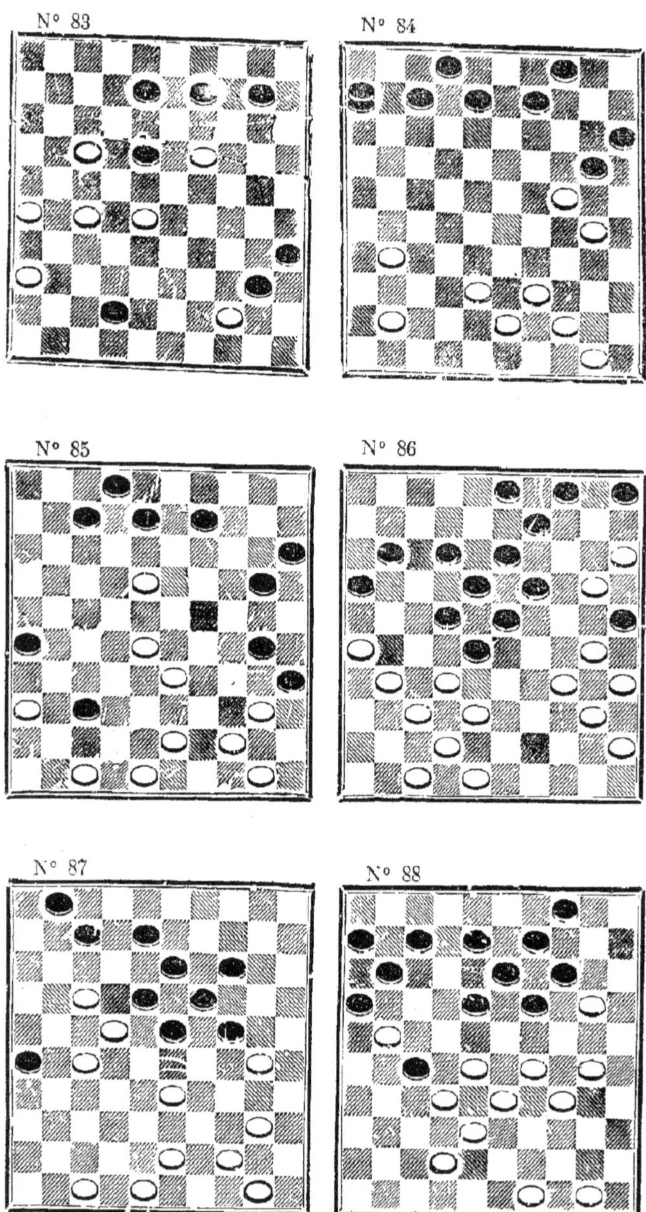

N° 89

N° 90

N° 91

N° 92

N° 93

N° 94

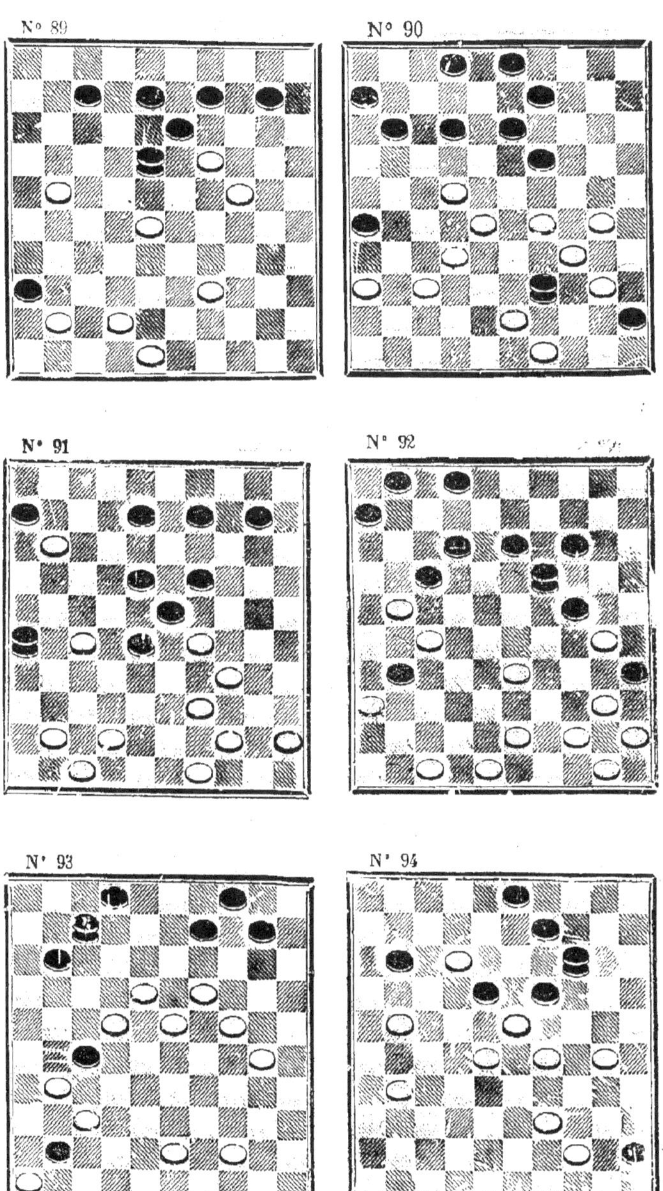

N° 95

N° 96

N° 97

N° 98

N° 99

N° 100

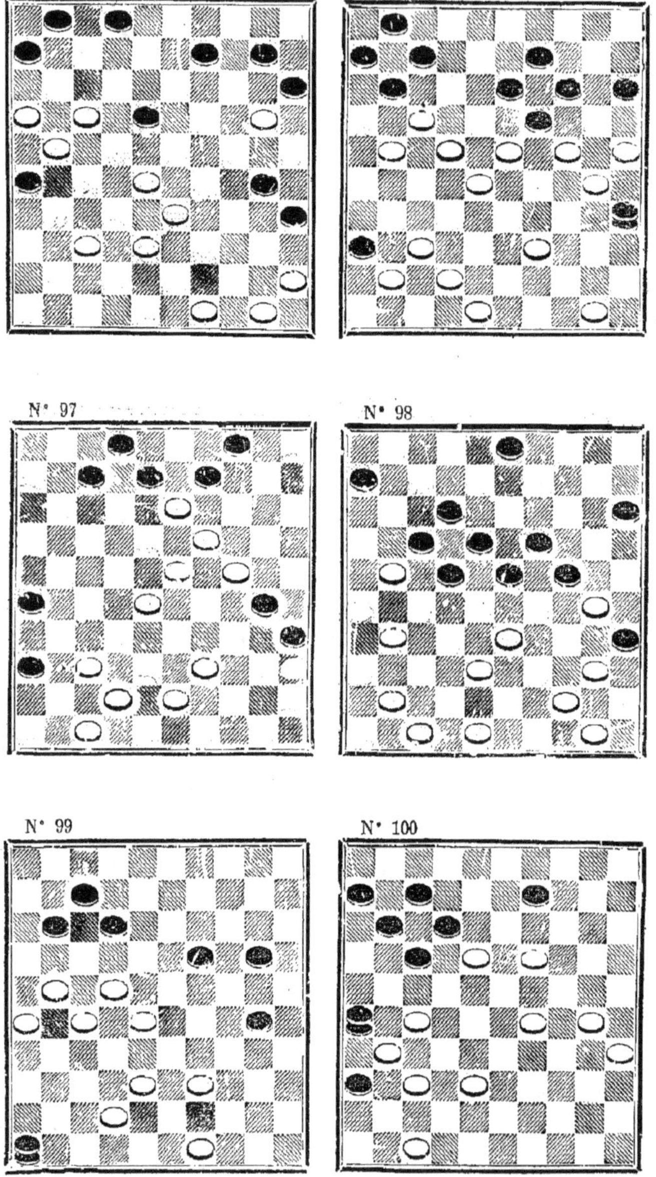

N° 101

N° 102 — A — Etude pour arriver au gain du pion.

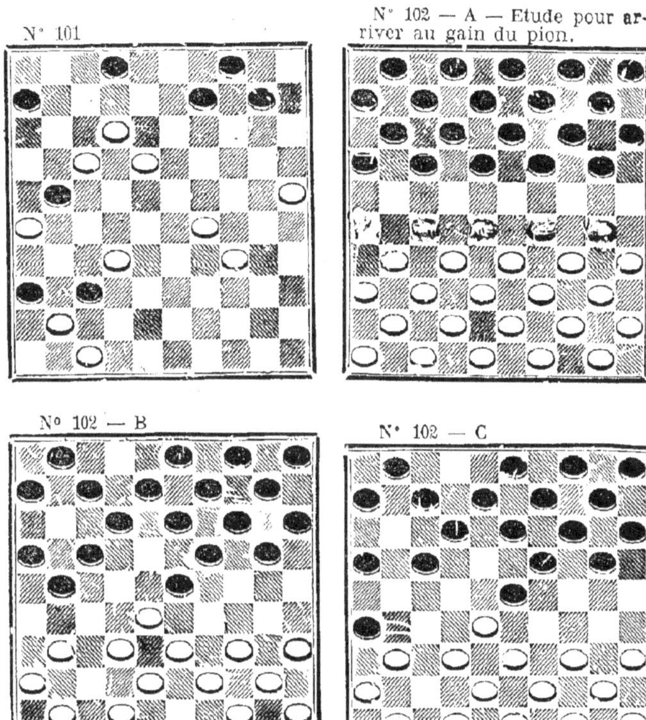

N° 102 — B

N° 102 — C

Les noirs, jusque-là, ont bien
joué. Les blancs vont tenter la
faute.

Les blancs jouent et gagnent
le pion.

SOLUTIONS
de la Deuxième Partie

N° 25

Blancs	Noirs
39 — 13	9 — 14
13 — 8	12 — 3
26 — 21	17 — 26
23 — 28	11 — 17
	forcé
28 — 23	18 — 29
23 — 4 gagnent.	

N° 26

Blancs	Noirs
26 — 21	17 — 26
	forcé
18 — 12	7 — 18
34 — 30	13 — 19 forcé
37 — 31	26 — 37
38 — 32	37 — 28
33 — 15 gagnent	

N° 27

Blancs	Noirs
26 — 21	40 — 29
21 — 17	11 — 22
32 — 27	22 — 28
	forcé
27 — 22	28 — 17
39 — 33	29 — 38
37 — 32	28 — 17
31 — 2 gagnent	

N° 28

Blancs	Noirs
23 — 18	13 — 31
38 — 15	36 — 41
41 — 37	31 — 42
15 — 36 gagnent	
	si 36 — 47
42 — 38	47 — 33
15 — 47 gagnent	

N° 29

Blancs	Noirs
34 — 29	28 — 39
36 — 31	15 — 36
37 — 32	27 — 38
35 — 30	36 — 27
30 — 24	19 — 30
25 — 1 gagnent	

N° 30

Blancs	Noirs
13 — 9	19 — 39
9 — 4	31 — 37
	forcé
4 — 36	si 39 — 44
49 — 40	37 — 42
36 — 47 gagnent	
	si 37 — 42
49 — 43	39 — 48
36 — 47 gagnent	

N° 31

Blancs	Noirs
50 — 45	38 — 42
	meilleur
25 — 20	si 42 — 47
20 — 42 gagnent	
	si 42 — 48
20 — 25 gagnent	

N° 32

Blancs	Noirs
23 — 18	12 — 23
33 — 29 — si 27 — 22	
37 — 19 gagnent	
un pion	
	si 23 — 28
29 — 23	28 — 19
25 — 20	14 — 25
37 — 32	27 — 28
39 — 33	38 — 29
34 — 5 gagnent	

N° 33

Blancs	Noirs
46 — 41	25 — 23
41 — 37	31 — 42
32 — 28	23 — 32
21 — 17	12 — 21
16 — 47 gagnent	

N° 34

Blancs	Noirs
15 — 10	5 — 14
	forcé
39 — 34	29 — 49
21 — 17	49 — 13
17 — 10 gagnent	

N° 35

Blancs	Noirs
50 — 45	16 — 27
30 — 24	19 — 30
39 — 33	14 — 46
26 — 21	30 — 23
21 — 5 gagnent	

N° 36

Blancs	Noirs
49 — 44	22 — 13
23 — 19	13 — 24
	forcé
37 — 31	27 — 36
47 — 41	36 — 47
24 — 30	47 — 45
30 — 10	15 — 4
25 — 1 gagnent	

N° 37

Blancs	Noirs
44 — 40	34 — 45
7 — 22	33 — 11
32 — 28	11 — 50
37 — 31	26 — 37
46 — 1	50 — 28
49 — 44	28 — 50
1 — 6 gagnent	

N° 38

Blancs	Noirs
38 — 32	22 — 36
32 — 27	36 — 22
10 — 5	16 — 27
19 — 14	20 — 9
5 — 28 gagnent	

N° 39

Blancs	Noirs
31 — 26	27 — 18
26 — 21	16 — 27
30 — 24	19 — 39
38 — 33	à volonté
37 — 32	18 — 27
35 — 30	25 — 34
40 — 16 gagnent	

N° 40

Blancs	Noirs
28 — 22	12 — 23
22 — 18	23 — 12
34 — 29	15 — 20
	forcé
27 — 21	26 — 17
44 — 39	35 — 44
29 — 23	19 — 28
33 — 2 gagnent	

N° 41

Blancs	Noirs
37 — 31	25 — 14
31 — 27	22 — 31 forcé
32 — 28	19 — 30
29 — 24	30 — 19
28 — 23	19 — 28
33 — 11	16 — 7
44 — 40	35 — 33
42 — 38	33 — 42
48 — 10 gagnent.	

N° 42.

Blancs	Noirs
44 — 37	42 — 31
13 — 8	3 — 1
28 — 22 gagnent.	

N° 43.

Blancs	Noirs
42 — 37	31 — 42
50 — 45	42 — 47
39 — 33	47 — 40
45 — 34 gagnent.	

N° 44.

Blancs	Noirs
43 — 38	32 — 43 forcé
29 — 24	26 — 48
44 — 49 gagnent.	

N° 45.

Blancs	Noirs
22 — 17	27 — 47
17 — 12	7 — 29
24 — 33	47 — 29
20 — 14	9 — 20
15 — 33 gagnent	

N° 46.

Blancs	Noirs
24 — 19	37 — 25
19 — 14	9 — 20
31 — 48 gagnent.	

N° 47.

Blancs	Noirs
40 — 34	39 — 19
38 — 24	si 19 — 30
27 — 38 gagnent.	
	si 32 — 21
24 — 26 gagnent.	

N° 48.

Blancs	Noirs
34 — 29	26 — 15
36 — 31	6 — 17
23 — 18	13 — 22
43 — 38	15 — 27
32 — 5 gagnent.	

N° 49.

Blancs	Noirs
48 — 43	31 — 22
47 — 41	36 — 47
32 — 27	47 — 49
20 — 14	49 — 21
14 — 12	17 — 8
16 — 9 gagnent.	

N° 50.

Blancs	Noirs
13 — 9	38 — 49
19 — 13	20 — 3
13 — 8	3 — 12
32 — 28	49 — 21
28 — 11	16 — 7
26 — 8 gagnent.	

N° 51.

Blancs	Noirs
32 — 27	43 — 21
13 — 35	21 — 49
31 — 27	49 — 21
35 — 49 gagnent.	

N° 52.

Blancs	Noirs
4 — 13	39 — 25
	meilleur
46 — 41	25 — 48
49 — 43	48 — 25
41 — 37	31 — 42
13 — 48 gagnent.	

N° 53.

Blancs	Noirs
30 — 43	32 — 37 forcé
43 — 25	si 37 — 42
25 — 48	42 — 47
48 — 25 gagnent	
	si 37 — 41
25 — 14 gagnent.	

N° 54.

Blancs	Noirs
27 — 21	36 — 38
18 — 13	16 — 29
13 — 42 gagnenet.	

N° 55.

Blancs	Noirs
31 — 27	40 — 29
33 — 28	22 — 33
27 — 22	18 — 27
32 — 5 gagnent.	

N° 56.

Blancs	Noirs
26 — 21	22 — 48
47 — 41	16 — 27
39 — 33	48 — 23
33 — 2	16 — 27
2 — 5 gagnent.	

N° 57.

Blancs	Noirs
37 — 31	26 — 28
36 — 31	14 — 25
15 — 10	4 — 15
49 — 44	40 — 49
27 — 22	49 — 36
22 — 4	36 — 13
4 — 45 gagnent.	

N° 58.

Blancs	Noirs
30 — 24	19 — 49
22 — 17	11 — 31
26 — 37	48 — 17
33 — 4 gagnent.	

N° 59.

Blancs	Noirs
47 — 41	3 — 25
29 — 24	30 — 19
37 — 32	25 — 46
32 — 5 gagnent.	

N° 60.

Blancs	Noirs
49 — 43	48 — 38
	prennent 4 pions
41 — 43	21 — 27
43 — 38	27 — 31
38 — 22 gagnent.	

N° 61.

Blancs	Noirs
19 — 14	20 — 18
27 — 22	15 — 28
44 — 13 gagnent.	

N° 62.

Blancs	Noirs
17 — 11	6 — 26
37 — 31	26 — 28
33 — 22	35 — 33
38 — 9	si 18 — 27
9 — 7 gagnent	
	si 13 — 4
22 — 2 gagnent.	

N° 63.

Blancs	Noirs
49 — 43	36 — 47
48 — 42	47 — 7
29 — 24	6 — 50
43 — 39	50 — 30
34 — 1 gagnent.	

N° 64.

Blancs	Noirs
47 — 41	36 — 47
46 — 41	47 — 36
33 — 29	24 — 33
23 — 14	9 — 29
27 — 22	16 — 18
43 — 39	36 — 30
36 — 30	35 — 24
45 — 1 gagnent.	

N° 65.

Blancs	Noirs
44 — 40	16 — 7
49 — 44	12 — 45
35 — 30	25 — 34
44 — 40	14 — 25
40 — 29	45 — 28
32 — 1 gagnent.	

N° 66.

Blancs	Noirs
50 — 45	18 — 27
24 — 20	14 — 25
47 — 41	37 — 46
26 — 21	46 — 32
49 — 43	32 — 40
45 — 34	30 — 28
21 — 1 gagnent.	

N° 67.

Blancs	Noirs
50 — 44	23 — 32
34 — 30	22 — 50
36 — 31	24 — 44
31 — 24 gagnent.	

N° 68.

Blancs	Noirs
6 — 11	7 — 16
17 — 12	8 — 28
29 — 24	20 — 29
26 — 21	2 — 35
49 — 44	16 — 32
21 — 44 gagnent.	

N° 69.

Blancs	Noirs
27 — 22	12 — 21
33 — 28	18 — 27
41 — 37	48 — 31
38 — 32	27 — 38
36 — 27	21 — 23
29 — 9	4 — 13
39 — 33	38 — 29
34 — 5 gagnent.	

N° 70.

Blancs	Noirs
35 — 30	24 — 26
36 — 31	25 — 45
28 — 22	26 — 19
22 — 4 gagnent	

N° 71.

Blancs	Noirs
50 — 44	22 — 42
43 — 38	13 — 47
44 — 40	42 — 33
40 — 38	47 — 6
32 — 28	6 — 50
46 — 1 gagnent	

N° 72.

Blancs	Noirs
24 — 20	36 — 47
29 — 24	14 — 25
40 — 35	47 — 15
48 — 42	15 — 47
39 — 33	47 — 40
35 — 44	25 — 34
44 — 39	34 — 43
49 — 7 gagnent	

N° 73.

Blancs	Noirs
37 — 31 si	15 — 35
45 — 40	26 — 28
26 — 31	35 — 44
31 — 27	22 — 31
33 — 24	44 — 33
41 — 37	31 — 42
47 — 7 gagnent	
	si 26 — 28
36 — 31	15 — 35
45 — 40 etc	

Même suite.

N° 74.

Blancs	Noirs
31 — 26	27 — 18
28 — 22	18 — 27
24 — 19	14 — 23
34 — 29	23 — 34 forcé
33 — 29	34 - 23
44 — 40	25 — 34
40 — 16 gagnent	

N° 75.

Blancs	Noirs
37 — 31	26 — 37
28 — 23	17 — 26
23 — 19	14 — 23
38 — 32	37 — 28
16 — 11	6 — 17
27 — 22	18 — 27
29 — 7	2 — 11
30 — 24	20 — 29
34 — 5 gagnent	

N° 76.

Blancs	Noirs
33 — 29	27 — 38
47 — 42	38 — 47
37 — 32	47 — 24
39 — 33	24 — 27
28 — 22	27 — 29
34 — 23	19 — 28
40 — 34	30 — 39
44 — 4 gagnent	

N° 77.

Blancs	Noirs
47 — 41	24 — 35
40 — 34	35 — 23
37 — 32	23 — 46
34 — 5 gagnent	

N° 78.

Blancs	Noirs
27 — 31	16 — 36
47 — 41	36 — 40
50 — 45	25 — 30
45 — 1 gagnent	

N° 79.

Blancs	Noirs
48 — 43	15 — 29 forcé
49 — 44	35 — 24
38 — 32	29 — 47
36 — 31	47 — 36
44 — 40	45 — 34
32 — 28	23 — 21
43 — 39	36 — 45
50 — 26 gagnent	

N° 80.

Blancs		Noirs
27 — 22	si	16 — 49
25 — 20		18 — 27
23 — 22		27 — 18
35 — 30		49 — 35
20 — 14		9 — 20
30 — 25		35 — 19
25 — 3 gagnent		
	si	18 — 27
23 — 22		27 — 18

Même suite.

N° 81.

Blancs	Noirs
45 — 40	14 — 25
23 — 19	5 — 45
44 — 39	45 — 12
17 — 11	12 — 19
49 — 43	6 — 28
43 — 1 gagnant	

N° 82.

Blancs	Noirs
23 — 18	12 — 23 forcé
24 — 20	31 — 25
34 — 29	23 — 43
32 — 23	43 — 32
44 — 39	25 — 43
49 — 7 gagnent	

N° 83.

Blancs	Noirs
36 — 31	40 — 49
28 — 23	49 — 12
26 — 21	12 — 37
23 — 5	37 — 14
5 — 48 gagnent	

N° 84.

Blancs	Noirs
40 — 34	6 — 35
50 — 44	35 — 49
30 — 25	20 — 29
28 — 33	49 — 47
33 — 24	47 — 20
25 — 1 gagnent	

N° 85.

Blancs	Noirs
48 — 42	37 — 39
36 — 31	26 — 37
47 — 41	37 — 46
50 — 45	46 — 12
40 — 34	12 — 49
33 — 44	49 — 40
45 — 1 gagnent	

N° 86.

Blancs	Noirs
15 — 10	4 — 24
31 — 27	22 — 31
26 — 21	16 — 27
37 — 26	28 — 37
42 — 22	18 — 27
34 — 29	24 — 42
47 — 38	25 — 34
40 — 16 gagnent	

N° 87.

Blancs	Noirs
47 — 42	24 — 35
17 — 11	7 — 16
44 — 39	35 — 44
27 — 21	26 — 28
33 — 22	13 — 27
43 — 33	44 — 33
38 — 29 gagnent	

N° 88.

Blancs	Noirs
42 — 37	14 — 25
29 — 23	18 — 40
49 — 43	25 — 34
43 — 39	34 — 43
38 — 49	27 — 29
50 — 45	16 — 27
45 — 1 gagnent	

N° 89.

Blancs	Noirs
42 — 37	36 — 47
48 — 42	47 — 26
19 — 14	26 — 19
14 — 5 gagnent	

N° 90.

Blancs	Noirs
30 — 24	39 — 18
36 — 31	19 — 39
49 — 44	45 — 23
28 — 17	26 — 28
44 — 4	11 — 22
4 — 27 gagnent	

N° 91.

Blancs	Noirs
34 — 30	26 — 25
41 — 37	6 — 17
47 — 42	au choix
45 — 40	34 — 45
49 — 43	25 — 48
37 — 32	48 — 22
32 — 5	22 — 50
5 — 6 gagnent	

N° 92.

Blancs	Noirs
43 — 39	17 — 26
40 — 34	31 — 22
44 — 40	35 — 44
34 — 29	24 — 35
47 — 41	19 — 46
33 — 28	46 — 43
48 — 39	44 — 33
45 — 40	35 — 44
50 — 10 gagnent	

N° 93.

Blancs	Noirs
19 — 13	27 — 36
24 — 19	41 — 32
46 — 41	36 — 47
22 — 17	11 — 22
18 — 38	47 — 49
19 — 14	49 — 8
14 — 1 gagnent	

N° 94.

Blancs	Noirs
12 — 8	3 — 12
30 — 24	19 — 30
29 — 24	18 — 30
39 — 34	14 — 17
34 — 3	17 — 50
3 — 6 gagnent	

N° 95.

Blancs	Noirs
17 — 12	26 — 8
28 — 22	18 — 27 forcé
16 — 11	6 — 17
37 — 32	15 — 24
32 — 5 gagnent	

N° 96.

Blancs	Noirs
23 — 18	36 — 38
48 — 42	38 — 47
37 — 31	47 — 20
31 — 26	35 — 24
28 — 23	19 — 28
22 — 33	24 — 16
26 — 21	16 — 12
17 — 10	15 — 4
25 — 3	4 — 9 meil.
3 — 14	7 — 12
14 — 3	11 — 17
50 — 44	6 — 11
44 — 39	1 — 6
3 — 9	11 — 16
9 — 36	17 — 21
39 — 33	12 — 17
36 — 9	21 — 26
33 — 28	16 — 21
9 — 23 gagnent.	

N° 97.

Blancs	Noirs
37 — 31	9 — 20
19 — 13	26 — 28
39 — 34	48 — 9
34 — 1 gagnent.	

N° 98.

Blancs	Noirs
31 — 27	17 — 26
48 — 42	22 — 31
42 — 37	31 — 42
44 — 39	35 — 44
41 — 36	24 — 35
36 — 31	26 — 37
38 — 32	37 — 28
33 — 24	44 — 33
47 — 7 gagnent	

N° 99.

Blancs	Noirs
49 — 43	46 — 19
38 — 32	19 — 48
39 — 34	49 — 17
34 — 23	17 — 28 meil.
23 — 32	12 — 18
32 — 28	7 — 12 forcé
21 — 16	11 — 17
26 — 21	17 — 26
16 — 11 gagnent.	

N° 100.

Blancs	Noirs
27 — 22	12 — 25
37 — 32	26 — 27
22 — 1 gagnent.	

N° 101.

Blancs	Noirs
25 — 20	si 37 — 28
29 — 23	28 — 19
20 — 14	9 — 20
18 — 13	19 — 8
12 — 3	21 — 12
3 — 17 ou 25	
	si 37 — 46
18 — 13	46 — 11
26 — 17	11 — 8
12 — 5 gagnent	

N° 102.

Blancs	Noirs
31 — 27	18 — 22
27 — 18	12 — 23
33 — 28	17 — 21
39 — 33	7 — 12
37 — 31	2 — 7
43 — 39	11 — 17
49 — 43	21 — 26
33 — 29	26 — 37
29 — 18	13 — 33
38 — 29	37 — 28
39 — 33	28 — 30
35 — 22 gagnent un pion.	

TROISIÈME PARTIE

TROISIÈME PARTIE

PROBLÈMES

103

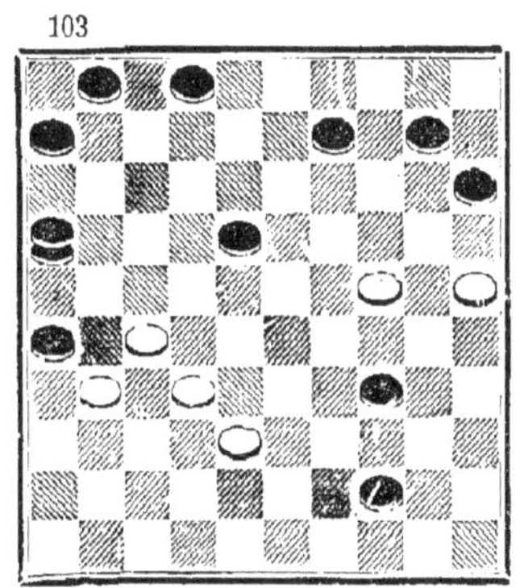

104

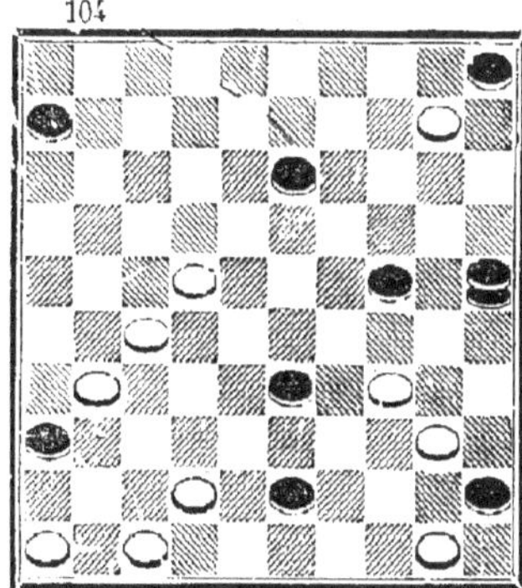

105

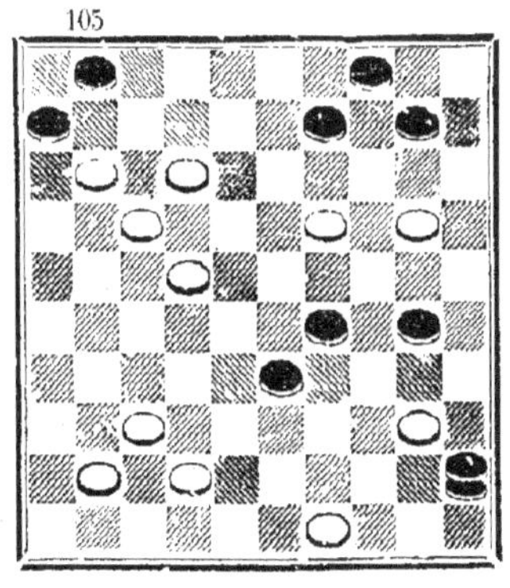

106

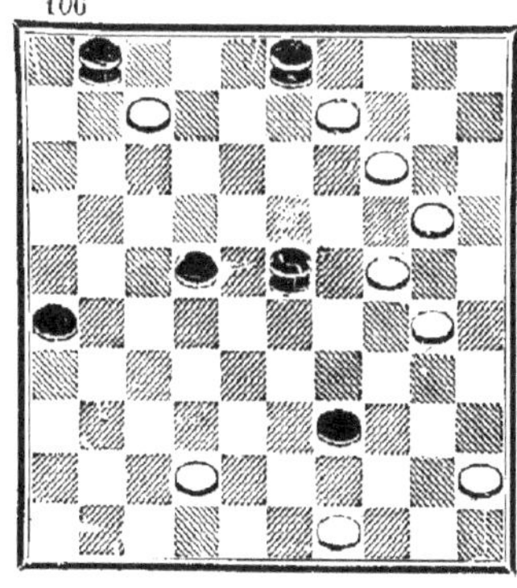

107

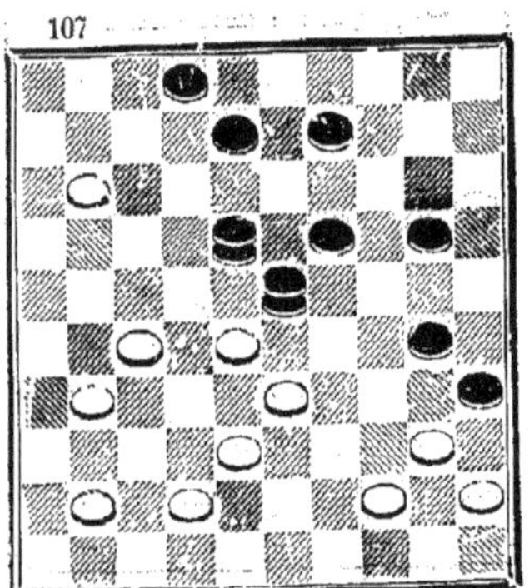

108

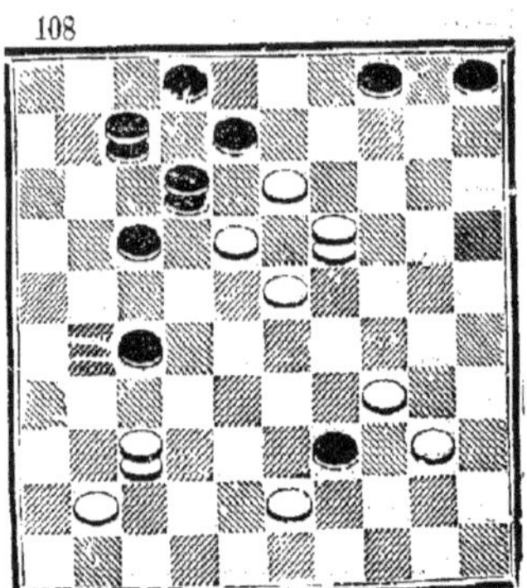

N° 109

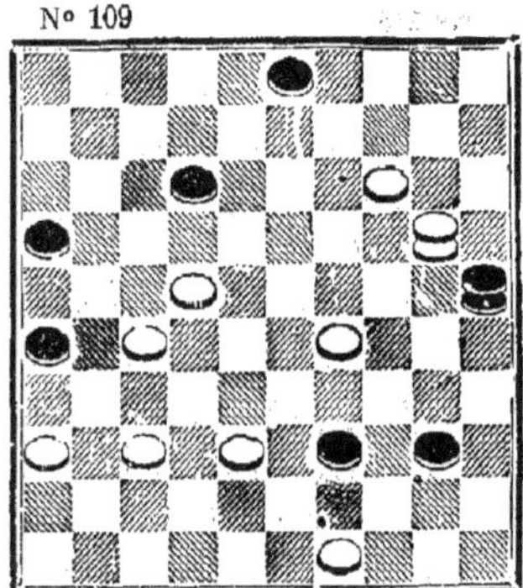

N° 110 dédié à M. Raphaël.

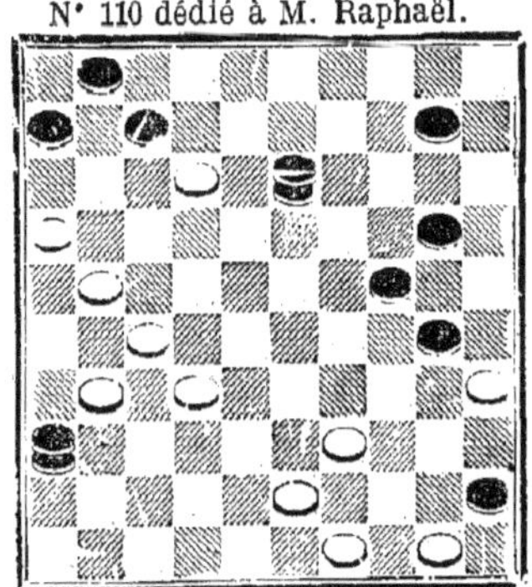

N° 111

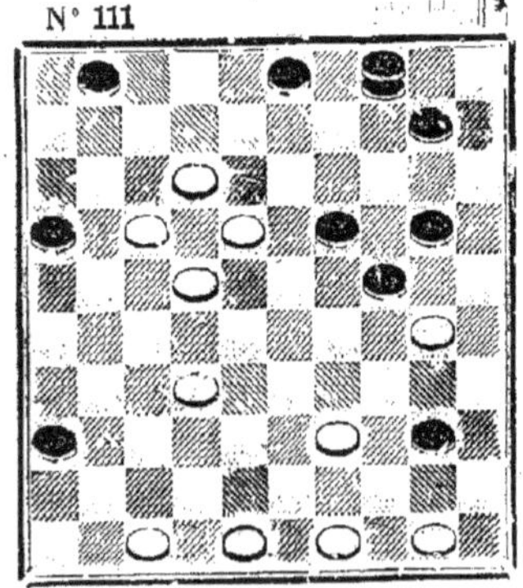

N° 112

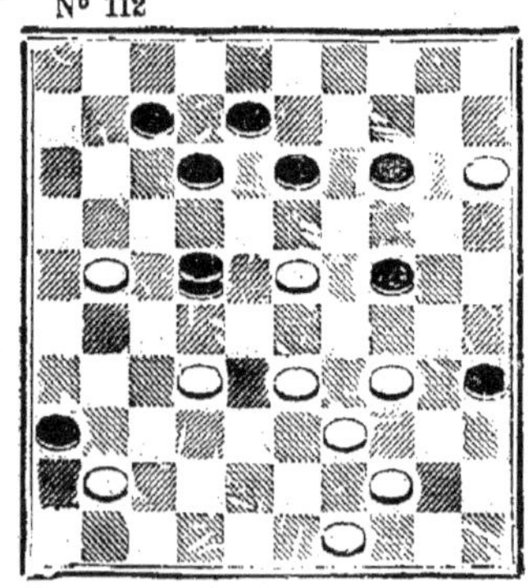

N° 113

N° 114

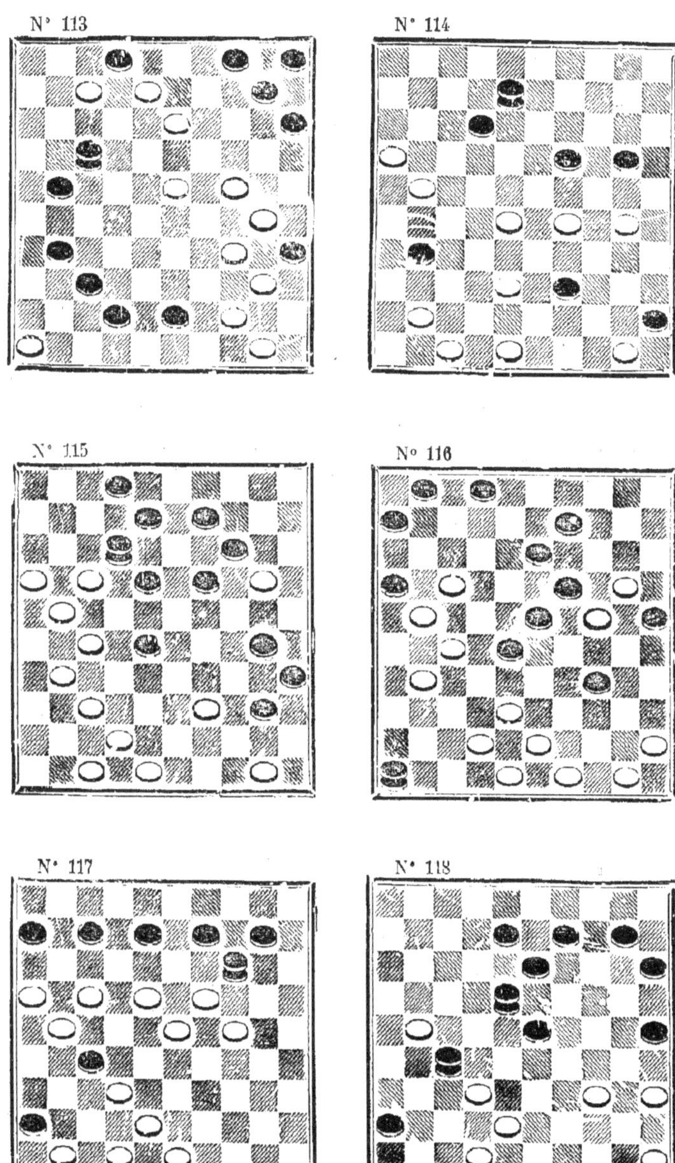

N° 115

N° 116

N° 117

N° 118

N° 119

N° 120

N° 121

N° 122

123

124

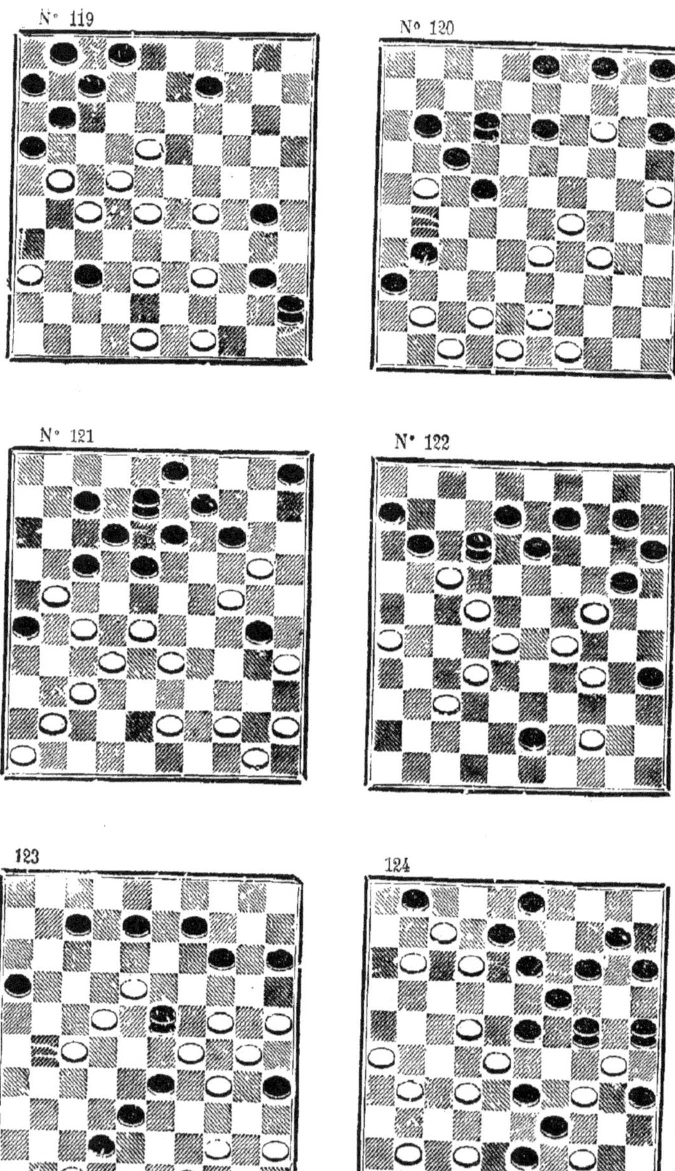

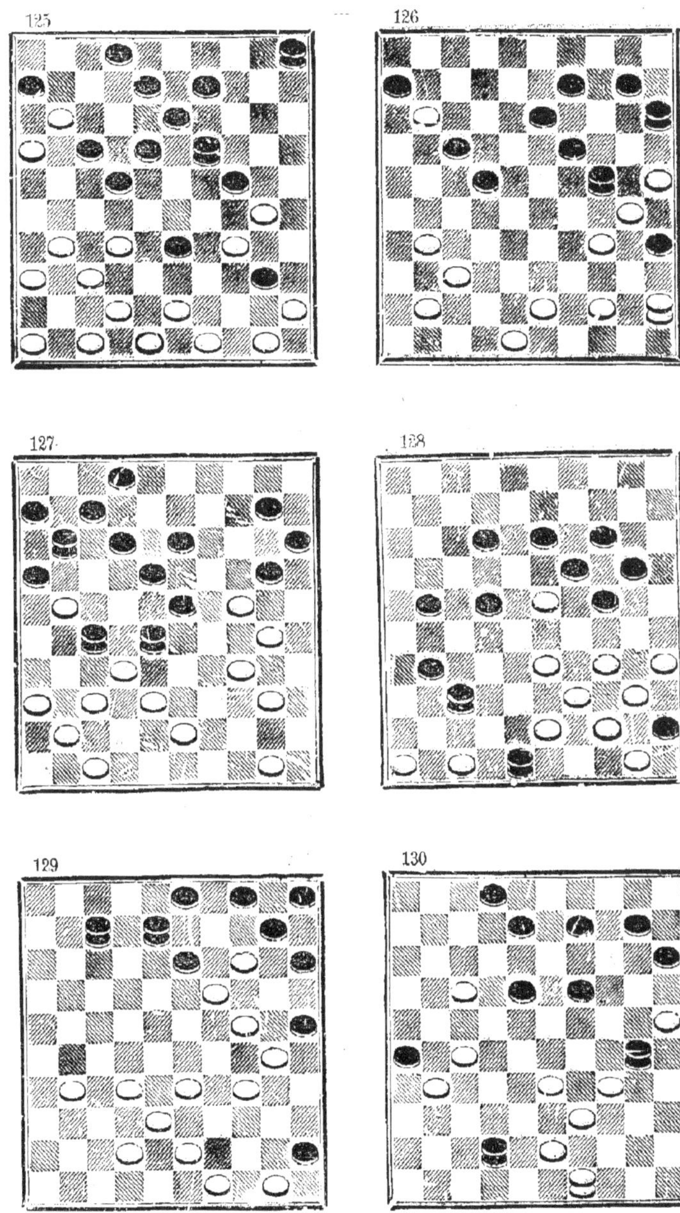

125
126
127
128
129
130

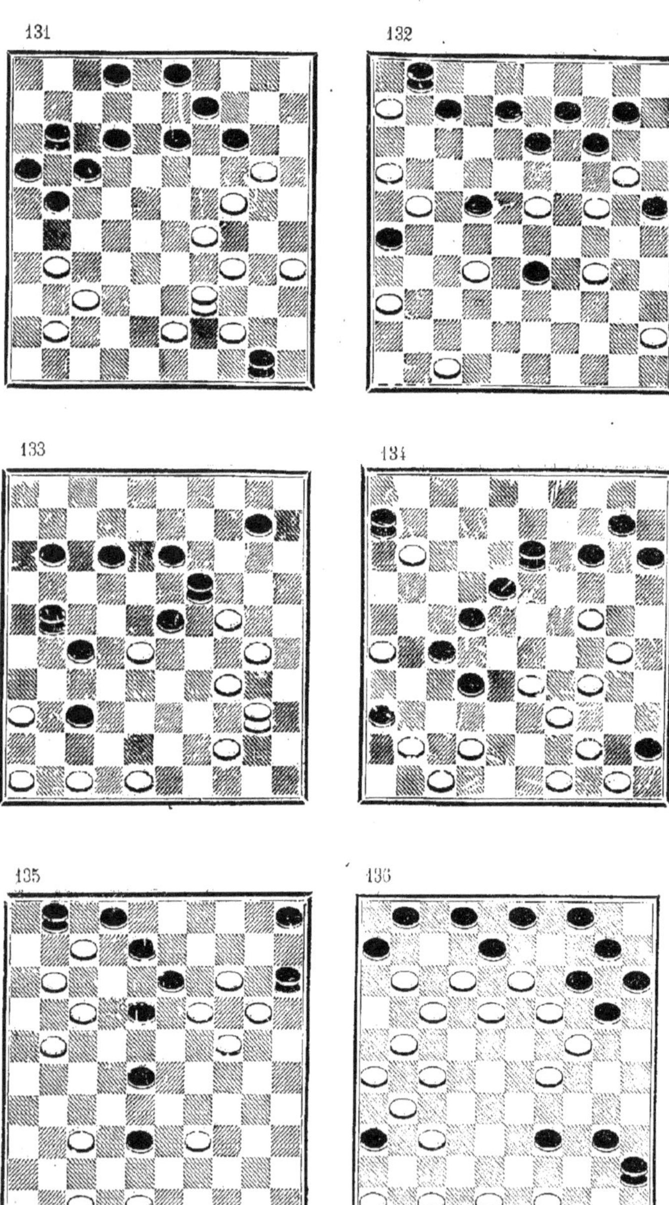

N° 137

N° 138

N° 139

N° 140

N° 141

N° 142

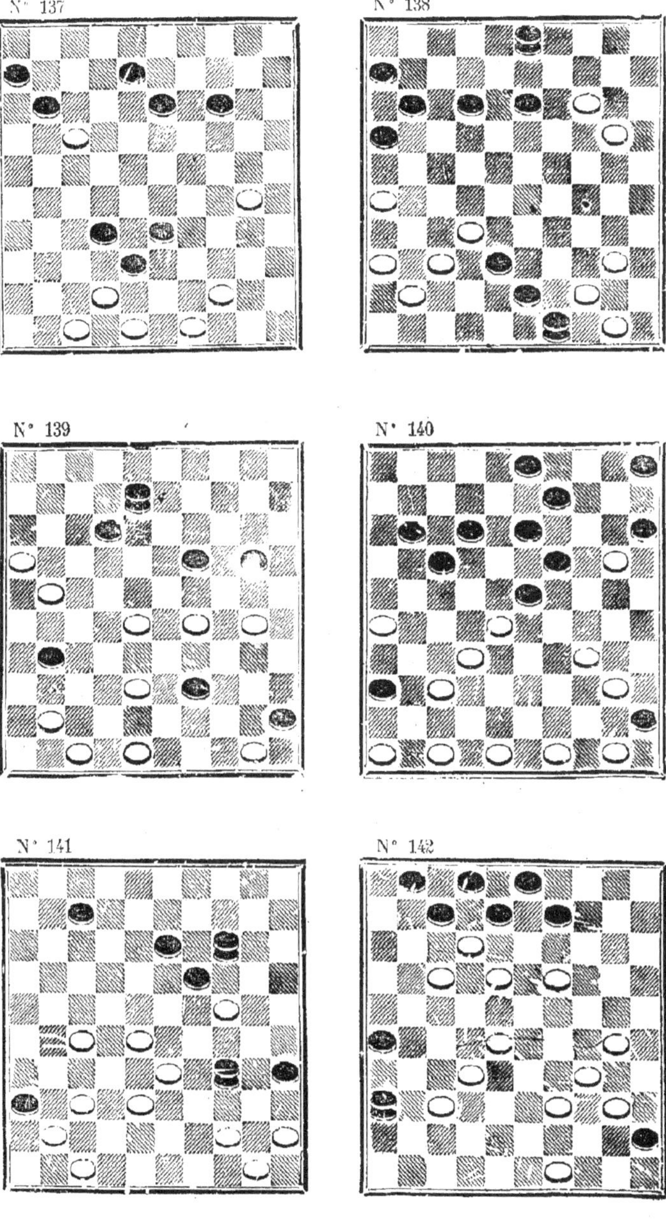

N° 143 dédié à M. Gras

N° 144

N° 145

N° 146

N° 147

N° 148

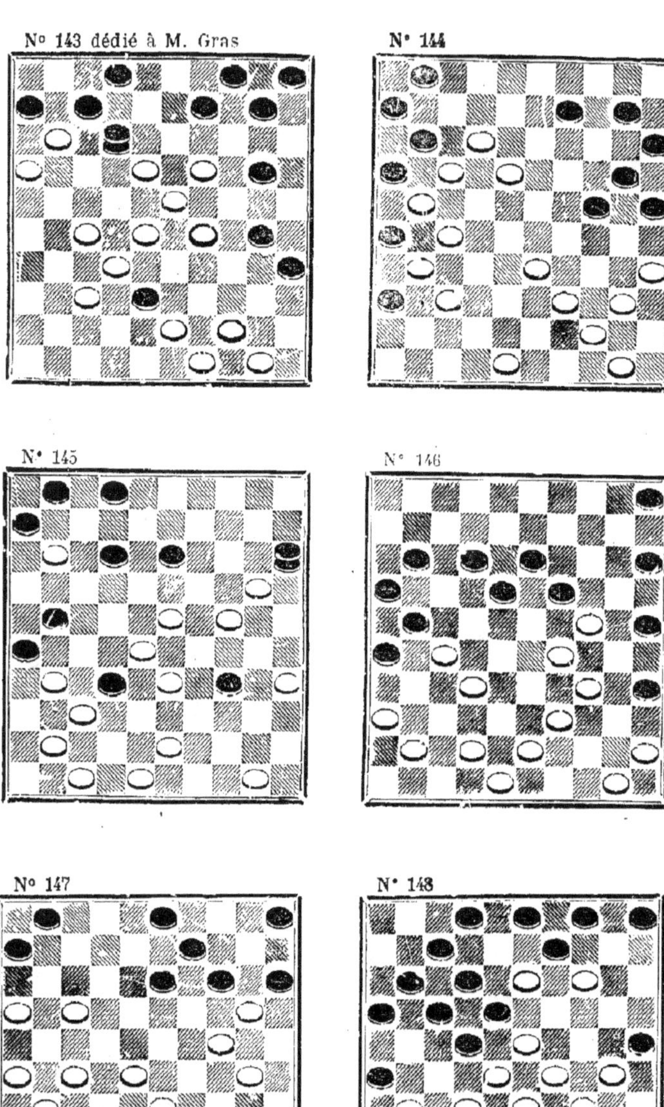

N° 149

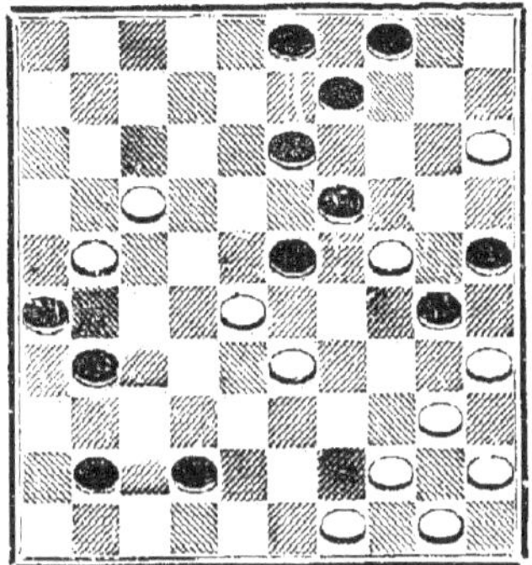

N° 150 dédié à M. Bouillon.

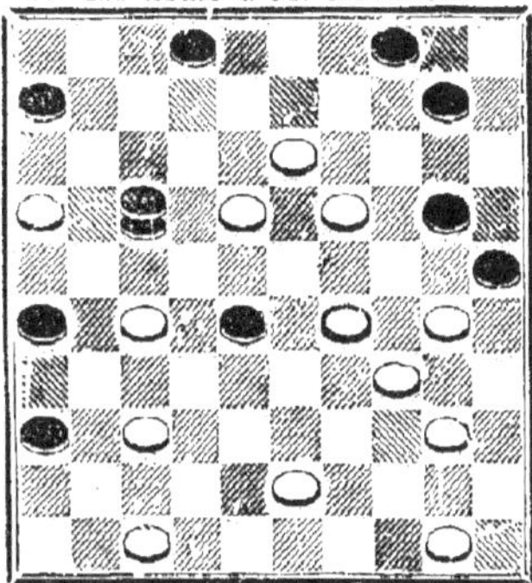

SOLUTIONS

de la troisième Partie

103

Blancs	Noirs
25 — 20	26 — 28
38 — 33	16 — 29
24 — 4	15 — 24
4 — 49 gagné.	

104

Blancs	Noirs
42 — 37	25 — 39
37 — 32	45 — 34
47 — 42	5 · 14
42 — 38	33 — 42
31 — 26	39 — 11
50 — 44	11 — 50
32 — 28	50 — 31
26 — 10	à volonté
10 — 5	à volonté
5 — 28 gagné.	

105

Blancs	Noirs
49 — 44	45 — 34
20 — 14	9 — 20
12 — 7	1 — 21
44 — 39	6 — 28
37 — 32	34 — 46
32 — 5	46 — 14
5 — 39 gagné.	

106

Blancs	Noirs
42 — 37	1 — 4
14 — 10	3 — 34
45 — 40	4 — 31
40 — 36	

107

Blancs	Noirs
33 — 29	23 — 7
44 — 39	18 — 47
40 — 34	47 — 41
45 — 1 gagné.	

108

Blancs	Noirs
19 — 30	8 — 28
37 — 10	12 — 46
10 — 32	46 — 38
34 — 1 gagné.	

109

Blancs	Noirs
49 — 43	39 — 48
29 — 23	48 — 31
20 — 33	25 — 9
33 — 44	40 — 49
38 — 33	49 — 21
36 — 27	21 — 18
22 — 4 gagné.	

110

Blancs	Noirs
50 — 44	7 — 18
44 — 40	45 — 34
43 — 38	34 — 43
31 — 26	36 — 22
21 — 17	22 — 11
16 — 7	1 — 12
32 — 27	43 — 21
26 — 19	24 — 13
35 — 4 gagné.	

111

Blancs	Noirs
48 — 42	24 — 35
49 — 44	40 — 49
17 — 11	49 — 8
18 — 12	4 — 7
11 — 4 gagné.	

112

Blancs	Noirs
21 — 16	36 — 47
44 — 40	47 — 18
32 — 27	35 — 33
49 — 44	18 — 21
16 — 38 gagné.	

113

Blancs	Noirs
30 — 25	2 — 11
34 — 30	17 — 3
46 — 41	37 — 46
24 — 20	46 — 2
30 — 24	2 — 30
25 — 34	3 — 39
44 — 33	35 — 44
50 — 6 gagné.	

114

Blancs	Noirs
29 — 24	20 — 29
38 — 33	29 — 38
28 — 23	19 — 28
48 — 42	8 — 35
42 — 44	35 — 49
41 — 37	31 — 42
47 — 38 gagné.	

115

Blancs	Noirs
27 — 22	18 — 36
16 — 11	14 — 25
50 — 44	40 — 49
39 — 34	49 — 7
47 — 41	36 — 38
48 — 43	12 — 39
34 — 1 gagné	

116

Blancs	Noirs
17 — 12	25 — 14
31 — 26	19 — 30
42 — 37	46 — 32
21 — 17	32 — 21
38 — 33	28 — 39
12 — 7	2 — 22
26 — 8 gagné.	

117

Blancs	Noirs
16 — 11	7 — 16 for.
42 — 37	36 — 47
18 — 12	47 — 1
17 — 12	1 — 17
32 — 3	14 à volonté
3 — 5 gagné.	

118

Blancs	Noirs
49 — 44	27 — 16
32 — 28	16 — 29
28 — 19	13 — 24
47 — 41	36 — 38
48 — 43	38 — 49
50 — 44	49 — 40
45 — 5 gagné.	

119

Blancs	Noirs
36 — 31	37 — 17
29 — 24	30 — 19
39 — 34	40 — 29
38 — 33	29 — 38
49 — 44	45 — 12
28 — 22	12 — 49
48 — 43	17 — 28
43 — 3	49 — 21
3 — 26 gagné.	

120

Blancs	Noirs
14 — 9	3 — 14 for.
25 — 20	14 — 25 for.
34 — 30	25 — 23
33 — 28	22 — 33
42 — 38	17 — 26
38 — 16 gagné.	

121

Blancs	Noirs
43 — 39	30 — 19
39 — 34	14 — 25
34 — 30	25 — 34
33 — 29	34 — 23
37 — 31	26 — 37
35 — 30	17 — 26
30 — 24	19 — 30
28 — 19	13 — 24
45 — 40	37 — 28
40 — 34	30 — 39
44 — 11 gagné.	

122

Blancs	Noirs
44 — 40	12 — 38
37 — 32	38 — 18
26 — 21	35 — 44
21 — 17	11 — 33
29 — 40	20 — 29
34 — 5 gagné.	

123

Blancs	Noirs
45 — 40	23 — 12
29 — 23	12 — 20
22 — 17	35 — 24
49 — 43	38 — 49
47 — 29	49 — 12
34 — 30	12 — 45
30 — 10	15 — 4
25 — 1 gagné.	

N° 124.

Blancs	Noirs
31 — 27	8 — 6
26 — 21	1 — 12
42 — 38	33 — 42
44 — 33	24 — 38
50 — 44	35 — 24
41 — 37	25 — 50
37 — 39	50 — 33
32 — 43	23 — 32
27 — 7 gagné.	

N° 125.

Blancs	Noirs
31 — 26	24 — 35
46 — 41	40 — 29
26 — 21	17 — 26
49 — 44	6 — 17
42 — 38	33 — 31
36 — 27	19 — 46
47 — 41	46 — 40
45 — 14	5 — 21
16 — 9 gagné.	

N° 126.

Blancs	Noirs
44 — 40	35 — 44
37 — 32	24 — 35
43 — 39	44 — 33
34 — 30	35 — 24
45 — 12	17 — 8
25 — 20	6 — 17
20 — 38	15 — 27
32 — 5 gagné.	

N° 127.

Blancs	Noirs
30 — 25	20 — 29
36 — 31	27 — 36
32 — 27	36 — 22
50 — 45	16 — 27
43 — 39	28 — 35
45 — 40	35 — 32
37 — 28	11 — 30
25 — 1 gagné.	

N° 128.

Blancs	Noirs
47 — 42	19 — 28
33 — 29	24 — 33
46 — 41	37 — 46
35 — 30	48 — 37
43 — 38	33 — 42
30 — 24	20 — 29
34 — 41	45 — 43
44 — 39	46 — 44
50 — 10 gagné.	

N° 129.

Blancs	Noirs
33 — 28	7 — 40
28 — 22	25 — 34
22 — 18	13 — 22
31 — 27	22 — 31
49 — 44	40 — 49
42 — 37	31 — 33
32 — 28	49 — 23
19 — 30	10 — 19
24 — 2 gagné.	

N° 130.

Blancs	Noirs
33 — 29	42 — 24 F.
17 — 11	26 — 37
43 — 38	24 — 47
49 — 32	37 — 28
39 — 33	30 — 7
33 — 24	47 — 20
25 — 1 gagné.	

N° 131.

Blancs	Noirs
39 — 22	50 — 19
43 — 38	17 — 28
38 — 32	14 — 25
32 — 14	9 — 20
35 — 30	25 — 23
31 — 27	21 — 32
37 — 6 gagné.	

N° 132.

Blancs	Noirs
47 — 41	26 — 17
34 — 30	25 — 34
36 — 31	14 — 25
16 — 11	7 — 16
45 — 40	1 — 15
40 — 38	15 — 27
32 — 5 gagné.	

N° 133.

Blancs	Noirs
46 — 41	37 — 46
47 — 42	23 — 32
36 — 31	27 — 36
42 — 37	32 — 41
24 — 20	19 — 35
40 — 45	35 — 49
48 — 43	49 — 15
34 — 39	à volonté
45 — 15	ou 47 gagné.

N° 134.

Blancs	Noirs
24 — 20	15 — 35
34 — 30	35 — 24
39 — 34	6 — 17

```
41 — 37    32 — 41
42 — 37    41 — 32
47 — 41    36 — 47
44 — 40    47 — 29
34 — 21    27 — 16
50 — 44    45 — 34
44 — 39    34 — 43
49 — 29 gagné.
```

N° 135.

```
Blancs        Noirs
14 —  9     1 — 12
19 — 14    13 —  4
48 — 43    38 — 49
47 — 41    49 —  7
30 — 33    12 — 29
24 — 13    15 —  9
14 —  1 gagné.
```

N° 136.

```
Blancs        Noirs
48 — 43    14 — 34
47 — 41     8 — 30
12 —  7     1 — 23
49 — 44    40 — 38
11 —  7     2 — 22
27 — 40    36 — 16
37 — 32    45 — 37
41 —  5 gangné.
```

N° 137.

```
Blancs        Noirs
48 — 43    11 — 22
44 — 39    33 — 44
49 — 40    38 — 49
42 — 38    49 — 42
47 — 20 gagné.
```

N° 138.

```
Blancs        Noirs
14 —  9     3 — 25
44 — 39    43 — 45
32 — 43    25 — 31
36 — 27    49 — 21
26 — 19 gagné.
```

N° 139.

```
Blancs        Noirs
29 — 24    20 — 29
38 — 33    29 — 38
28 — 23    19 — 28
48 — 42     8 — 25
42 — 44    35 — 49
41 — 37    31 — 42
47 — 38    49 — 32
21 — 17    12 — 21
16 — 38 gagné.
```

N° 140.

```
Blancs        Noirs
50 — 45    15 — 24
26 — 21    17 — 26
47 — 41    36 — 47
37 — 31    26 — 37
32 — 41    47 — 36
44 — 39    23 — 32
46 — 41    36 — 47
39 — 33    47 — 29
34 — 14     9 — 20
49 — 43    45 — 34
43 — 38    32 — 43
48 —  6 gagné.
```

N° 141.

```
Blancs        Noirs
27 — 22    19 — 30
47 — 42    14 — 30
50 — 44    36 — 29
44 — 39    34 — 18
45 —  1 gagné.
```

N° 142.

```
Blancs        Noirs
19 — 13     8 — 19
39 — 33    36 —  9
33 — 29     7 — 18
30 — 24    19 — 39
37 — 31    45 — 23
28 —  8     3 — 21
49 — 44    26 — 38
44 —  4 gagné.
```

N° 143.

```
Blancs        Noirs
44 — 39     6 — 17
28 — 22    17 — 28
19 — 13    28 —  8
49 — 44    12 — 49
50 — 44    49 — 40
39 — 34    40 — 39
32 —  1
```

N° 144.

```
Blancs        Noirs
33 — 29    11 — 13
39 — 34    26 —  8
27 — 22    36 — 18
35 — 30    à volonté.
29         20 — 29
ou
30 — 24
34 —  5 gagné.
```

N° 145.

```
Blancs        Noirs
11 —  7     2 — 11
35 — 30    34 — 14
41 — 36    15 — 49
50 — 44    49 — 18
31 — 27    18 — 42
47 — 20 gagné.
```

N°. 146.

Blancs	Noirs
34 — 30	25 — 23
45 — 40	35 — 33
32 — 28	33 — 31
36 — 27	19 — 30
42 — 37	21 — 32
37 — 11 gagné.	

N° 147.

Blancs	Noirs
17 — 11	14 — 34
11 — 7	1 — 12
47 — 41	36 — 47
46 — 41	47 — 36
24 — 20	15 — 24
16 — 11	6 — 17
26 — 21	17 — 37
38 — 32	36 — 22
28 — 39	37 — 28
33 — 4 gagné.	

N° 148.

Blancs	Noirs
32 — 27	9 — 20
27 — 21	18 — 9

47 — 41	16 — 27
23 — 18	12 — 32
37 — 28	26 — 37
41 — 1 gagné.	

N° 149.

Blancs	Noirs
44 — 39	23 — 32
15 — 10	4 — 15
33 — 28	32 — 23
39 — 34	30 — 39
35 — 30	25 — 34
40 — 18	13 — 11
24 — 4	26 — 17
4 — 44 gagné.	

N° 150.

Blancs	Noirs
27 — 21	17 — 3 for.
47 — 42	26 — 17
18 — 12	17 — 8
16 — 11	6 — 17
37 — 31	36 — 27
29 — 24	20 — 29
34 — 12	25 — 45
19 — 14	3 — 9
12 — gagné.	

QUATRIÈME PARTIE

QUATRIÈME PARTIE

PARTIES ENTIÈRES

30 Parties jouées en match ou en concours, contre les maîtres de l'époque avec analyses de l'auteur

PREMIÈRE PARTIE

Jouée en juillet 1895, au grand tournoi international de Marseille, organisé par le journal « Le Bavard », entre MM. Weiss, de Paris (blancs), et Victor Jean (noirs).

	Blancs	Noirs
1°	33 — 28	18 — 23

Le début des blancs rentrant dans la partie classique ; la réponse des noirs est la même : c'est la sagesse du jeu.

	Blancs	Noirs
2°	39 — 33	12 — 18
3°	44 — 39	7 — 12
4°	50 — 44	1 — 7
5°	31 — 27	17 — 22

Ici le conducteur des noirs joue la nullité ; cette tactique est admissible pour ne pas perdre ; mais au point de vue du jeu proprement dit, le coup de 17 — 21 conservait les pièces plus longtemps et, par ce fait, était plus intéressant.

	Blancs	Noirs
6°	28 — 17	11 — 31
7°	36 — 27	20 — 24
8°	34 — 29	

Le coup joué par les blancs n'était pas utile ; 41 — 36 ou 33 — 28 conservait deux pions de plus à chaque joueur et était plus intéressant.

	Blancs	Noirs
8°		23 — 34
9°	40 — 20	15 — 24
10°	32 — 28	18 — 23
11°	37 — 32	10 — 15
12°	41 — 37	5 — 10
13°	46 — 41	15 — 20
14°	41 — 36	13 — 18

Bien joué et meilleur que 12 — 18 pour arriver à une formation où l'aile droite et l'aile gauche des noirs se tiendront en équilibre.

	Blancs	Noirs
15°	37 — 31	9 — 13
16°	42 — 37	4 — 9
17°	44 — 40	10 — 15
18°	39 — 34	

Pour arriver à obtenir une bonne formation et chercher à empêcher les noirs d'attaquer leur aile droite.

	Blancs	Noirs
18°		7 — 11
19°	47 — 42	12 — 17

Coup joué pour faciliter l'avance de 8 — 12 et 2 — 8.

	Blancs	Noirs
20°	43 — 39	8 — 12
21°	49 — 43	2 — 8
22°	34 — 29	

Pionnage en avant nécessaire pour éviter de se trouver pris dans un enchaînement. Ici la prudence est utile.

```
22°
23°  40 — 29          23 — 34
24°  28 — 17          17 — 22
25°  31 — 26          12 — 21
```

Cherchant l'épuisement de l'aile droite des noirs.

```
25°                   20 — 25
26°  26 — 17          11 — 31
27°  36 — 27           8 — 12
28°  29 — 20          15 — 24
29°  32 — 28
```

Les noirs ayant une grande force sur leur gauche, il est indispensable pour les blancs d'empêcher l'avance des noirs. Le coup du texte ôte toute inquiétude aux blancs sur la marche ultérieure des noirs.

```
29°                    3 — 8
30°  37 — 32           6 — 11
31°  27 — 22
```

Pionnage de trois pour trois exécuté pour provoquer l'épuisement des pions noirs et démolir leur position.

```
31°                   18 — 27
32°  32 — 21          16 — 27
33°  28 — 23          19 — 28
34°  33 — 31          14 — 19
35°  38 — 32          13 — 18
36°  31 — 26           9 — 13
37°  42 — 37          19 — 23
38°  32 — 27
```

Pour empêcher les noirs d'exécuter un pionnage en arrière par 24 — 30, 23 — 28 et 18 — 20. On pouvait jouer aussi 37 — 31, qui n'était pas mauvais, et si alors les noirs jouaient 18 — 22, les blancs gagnaient en faisant un coup de cinq pour quatre par 35 — 30, 45 — 40, 32 — 28, 43 — 38 et 48 — 6.

```
38°                   12 — 17
```

Bien joué pour empêcher les blancs, en jouant 27 — 21, de rester sur cette case. Sur tout autre coup, les noirs sont obligés d'attendre deux temps pour se débarrasser du pion 21, tandis que le coup du texte les met à l'abri.

```
39°  27 — 21           8 — 12
40°  43 — 38
```

Meilleur que 37 — 32 ou 21 — 16. C'est d'abord la réponse à l'attaque éventuelle des noirs par 11 — 16, ensuite c'est du renfort pour l'aile gauche des blancs.

```
40°                   24 — 29
41°  39 — 34          29 — 40
42°  35 — 44          18 — 22
43°  44 — 39          12 — 18
44°  21 — 12          18 —  7
```

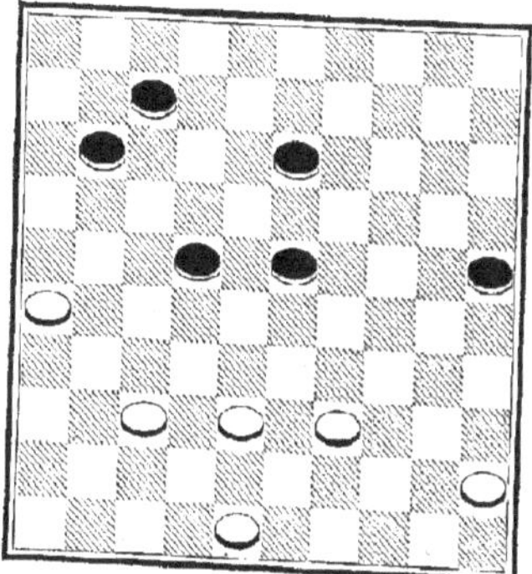

```
45°  37 — 31
```

D'après l'analyse, ce coup n'est pas le plus fort. Le coup juste était 37 — 32, meilleur que tout autre.

```
45°                   13 — 19
46°  31 — 27          22 — 31
47°  26 — 37          19 — 24
48°  37 — 32           7 — 12
49°  39 — 33          12 — 17
50°  33 — 28          25 — 30
```

Pourquoi ne pas jouer ici 23 — 29, obligeant les blancs à chercher la remise ? En tous cas, l'avantage restait aux noirs et ils avaient, par ce coup, plus de chances de gain que de remise.

```
51°  28 — 19          24 — 13
52°  45 — 40          11 — 16
53°  48 — 42          17 — 21
54°  32 — 28          21 — 27
55°  38 — 33          16 — 21
56°  40 — 34          30 — 39
57°  33 — 44          21 — 26
58°  44 — 39          26 — 31
59°  39 — 34          31 — 36
60°  34 — 30
```

Remise.

DEUXIEME PARTIE

Jouée entre MM. Weiss (blancs)
et Leclercq, de Paris (noirs).

Blancs	Noirs
1˙ 34 — 30	18 — 23
2˙ 30 — 25	

Coup joué avec l'intention de
ne pas adopter la partie des coins,
ce qui se produirait si les noirs
jouaient 20 — 25, avec la réponse
des blancs 39 ou 40 — 34.

Blancs	Noirs
2˙	20 — 24
3˙ 33 — 28	12 — 18
4˙ 40 — 34	7 — 12
5˙ 45 — 40	17 — 21
6˙ 34 — 30	21 — 26
7˙ 31 — 27	11 — 17
8˙ 37 — 31	26 — 37
9˙ 42 — 31	17 — 21
10˙ 50 — 45	14 — 20

Bon pionnage. Les noirs cherchent à se débarrasser du pion 25,
qui, par la suite et à l'aide de renfort, aurait pu devenir compromettant.

Blancs	Noirs
11˙ 25 — 14	9 — 20
12˙ 30 — 25	4 — 9

Si les noirs avaient joué 21 — 26
la perte du pion était fatale par
la suite en jouant 27 — 21, etc.

Blancs	Noirs
13˙ 25 — 14	9 — 20
14˙ 39 — 34	1 — 7
15˙ 41 — 37	

A première vue, on se demande
pourquoi ce coup, tout autre pa-
raissant meilleur. Il est joué pour
enserrer le jeu des noirs, dont les
mouvements laissent un peu à
désirer.

Blancs	Noirs
15˙	21 — 26
16˙ 44 — 39	7 — 11
17˙ 47 — 42	20 — 25

Coup joué pour se dégager ensuite par 24 — 30, etc. ; mais
11 — 17 valait mieux et forçait les
blancs à pionner par 27 — 21,
meilleur que 27 — 22. Les noirs
pouvaient ensuite chercher à se
reconstituer une position assez
forte pour ne courir aucun risque.

Blancs	Noirs
18˙ 49 — 44	3 — 9

Ce déplacement du pion savant
est motivé par la possibilité d'un
pionnage des blancs par 27 — 22.
En somme, la position des noirs
est un peu compromise.

Blancs	Noirs
19˙ 38 — 33	

Pour immobiliser les pions
noirs 11 et 12, à cause du coup
de dame 34-30, 40-20, etc., et, en
même temps renforcer leur centre.

Blancs	Noirs
19˙	10 — 14
20˙ 42 — 38	5 — 10
21˙ 46 — 41	24 — 30

Bien joué ; c'est le moment de
se dégager c tde reprendre en dernier, non par 14 — 23, mais
par 13 — 24, qui valait mieux.

Blancs	Noirs
22˙ 35 — 24	19 — 30
23˙ 28 — 19	14 — 23

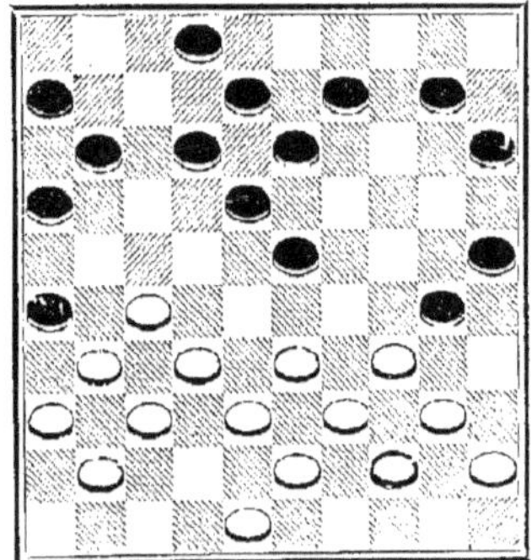

C'est ici le moment le plus inté-ressant de la partie. La mauvaise reprise des noirs va leur faire perdre un pion, car, par 33 — 29, les blancs vont faire d'une pierre deux coups et attaquer simultané-ment les pions noirs 18 et 30. Les difficultés vont commencer pour les noirs.

24°	33 — 29	11 — 17

Coup faible ; 2 — 7 était le moins mauvais.

25°	27 — 22	17 — 28
26°	29 — 24	30 — 19
27°	34 — 29	23 — 34
28°	32 — 5	12 — 17
29°	40 — 29	18 — 23
30°	5 — 11	6 — 17
31°	48 — 42	15 — 20
32°	31 — 27	9 — 14
33°	27 — 22	17 — 28
34°	38 — 33	8 — 12
35°	33 — 22	14 — 19
36°	42 — 38	2 — 7
37°	38 — 33	7 — 11
38°	45 — 40	16 — 21
39°	40 — 34	20 — 24
40°	29 — 20	25 — 14
41°	43 — 38	14 — 20
42°	44 — 40	20 — 25
43°	40 — 35	11 — 16
44°	33 — 28	12 — 18
45°	38 — 33	18 — 27
46°	28 — 23	19 — 28
47°	33 — 31	13 — 18
48°	31 — 27	21 — 32
49°	37 — 28	

Les noirs (Leclercq), abandon-nent.

TROISIEME PARTIE

Jouée entre MM. Weiss (blancs) et Dussaut de Paris (noirs).

1°	31 — 27	17 — 21
2°	36 — 31	

Laissant aux noirs la liberté d'occuper la case 26. Cette occu-pation ne sera pas gênante pour les blancs, la position n'étant pas encore dessinée.

2°		21 — 26
3°	41 — 36	18 — 23
4°	33 — 28	

Les blancs occupent leur case centrale, rentrant dans la posi-tion classique ; la forme actuelle du jeu s'y prête de part et d'au-tre.

4°		12 — 27

Empêchant le pionnage par 27 — 21 et obtenant un avantage qui n'est que momentané.

5°	39 — 33	17 — 21
6°	44 — 39	7 — 12
7°	47 — 41	1 — 7
8°	34 — 30	20 — 25

Bonne attaque qui épuise l'aile droite des blancs et qui ramène un pion noir au centre.

9°	27 — 22	25 — 34
10°	40 — 18	12 — 23
11°	31 — 27	

L'agglomération des blancs vis-à-vis des noirs ne peut se faire sentir que par la suite et en jouant correctement de part et d'autre.

11°		7 — 12
12°	36 — 31	12 — 18
13°	45 — 40	14 — 20
14°	40 — 34	9 — 14
15°	49 — 44	20 — 24
16°	41 — 36	14 — 20
17°	44 — 40	4 — 9
18°	50 — 45	10 — 14
19°	34 — 29	23 — 34
20°	40 — 29	

Pionnage exécuté par les blancs pour se dégager ; en ce moment, les blancs sont cernés par les noirs.

20°		20 — 25

Il semble que 5 — 10 donnait un meilleur résultat. Si les blancs avaient répondu par 45 — 40, les noirs exécutaient un trois pour trois avantageux par 19 — 23, 20 — 24 et 14 - - 45.

21°	29 — 20	15 — 24
22°	39 — 34	24 — 30

Ce pionnage n'affaiblit nulle-ment les blancs, bien qu'il y ait échange des pièces. Les blancs sont toujours tenus en échec par le pion noir 18.

23°	35 — 24	19 — 39
24°	43 — 34	14 — 19

Si 14 — 20 les blancs damaient par 34 — 30, 33 — 29 et 22 — 4.

25°	33 — 29	19 — 24
26°	29 — 20	25 — 14
27°	38 — 33	14 — 19
28°	45 — 40	5 — 10
29°	42 — 38	9 — 14
30°	40 — 35	19 — 24
31°	34 — 29	

Cette attaque va procurer un dégagement aux blancs et les faire rentrer dans une voie nouvelle.

31°		14 — 19
32°	29 — 20	10 — 15
33°	20 — 14	19 — 10
34°	48 — 43	10 — 14
35°	33 — 29	14 — 19

C'est 14 — 20 qu'il fallait jouer et qui était plus gênant pour les blancs.

36°	29 — 24	19 — 30
37°	35 — 24	13 — 19
38°	24 — 13	18 — 9
39°	38 — 33	

Voici la position changée. Les blancs ont un avantage de position au centre et ne craignent pas le contact.

39°		15 — 20
40°	33 — 29	9 — 13
41°	43 — 39	13 — 19

Il valait mieux jouer 13 — 18, enlevant le pion blanc 22, qui, par la suite, pourrait avoir une influence.

42°	39 — 34	

Presque forcé. Tout autre pion eût été gênant. Dans toute position, il faut toujours envisager le jeu probable de l'adversaire.

42°		19 — 24
43°	46 — 41	24 — 33
44°	28 — 39	20 — 24
45°	39 — 33	

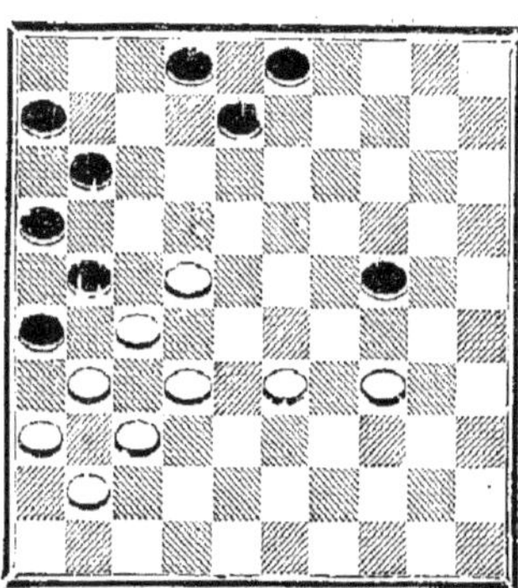

45°		3 — 9

Les noirs n'avaient qu'un seul pion pour embarrasser les blancs, c'était 2 — 7. Tout autre coup dégage les blancs de suite.

46°	22 — 17	11 — 22
47°	27 — 18	6 — 11
48°	32 — 28	2 — 7
49°	28 — 23	11 — 17
50°	33 — 29	

Ce dégagement va faire perdre un pion aux blancs ; mais, en revanche, le désavantage restera aux noirs.

50°		24 — 33
51°	31 — 27	21 — 32
52°	37 — 39	8 — 13
53°	34 — 30	13 — 22
54°	30 — 24	7 — 12
55°	24 — 20	12 — 18

Forcé de rendre le pion aux blancs afin de courir le moins de risques possibles.

56°	23 — 21	16 — 27
57°	41 — 37	22 — 28
58°	39 — 34	23 — 33
59°	34 — 30	33 — 39
60°	30 — 25	9 — 13
61°	20 — 15	39 — 43
62°	15 — 10	43 — 49
63°	10 — 5	49 — 43
64°	5 — 10	43 — 48
65°	10 — 15	48 — 31
66°	15 — 38	

Aucun des deux joueurs ne pouvant gagner, la partie a été remise.

QUATRIEME PARTIE

jouée entre M. Bartcling (blancs) et M. Weiss (noirs).

Blancs		Noirs
2°	34 — 30	17 — 21
1°	33 — 28	20 — 24
3°	39 — 33	11 — 17
4°	44 — 39	7 — 11
5°	31 — 26	

Les blancs occupent la case 26 pour enchaîner l'aile droite des noirs et interdire à ceux-ci le pionnage de 21-27.

5°		18 — 23

Coup joué pour permettre la marche successive des pions sur la ligne du tric-trac.

6°	30 — 25	12 — 18
7°	50 — 44	15 — 20

Préférable à 14-20. Dans cette position les pionnages seraient défavorables aux noirs ; ceux-ci se sont laissés volontairement enchaîner sur leur droite, mais ce qui peut leur donner une certaine force, c'est le groupement qui permet les combinaisons et empêche les attaques des blancs.

	Blancs	Noirs
8°	37 — 31	10 — 15
9°	31 — 27	

Pour empêcher les noirs de se dégager par 17-22, ce qui leur coûterait un pion.

		Noirs
9°		24 — 29

Pionnage en avant pour chercher des difficultés et essayer de disloquer le jeu des blancs.

	Blancs	Noirs
10°	33 — 24	20 — 29
11°	39 — 33	14 — 20
12°	25 — 14	9 — 20
13°	33 — 24	20 — 29
14°	36 — 31	

Pour empêcher les noirs de se dégager par 17-22.

	Blancs	Noirs
14°		5 — 10
15°	38 — 33	29 — 38
16°	42 — 33	10 — 14
17°	43 — 39	

Pas meilleur que 44-39 et permettant le dégaement des noirs par 17-22. Le coup juste était 40-34.

	Blancs	Noirs
17°		17 — 22
18°	26 — 17	23 — 29
19°	33 — 24	19 — 30
20°	35 — 24	22 — 33
21°	39 — 28	11 — 33

De part et d'autre, il y a un pion en danger, les pions 24 et 33. Les blancs devront jouer 48-43 et ensuite 43-39, ne craignant pas l'attaque des noirs par 14-19 ou 20 et obtenant un léger avantage de position.

	Blancs	Noirs
22°	40 — 34	4 — 9
23°	44 — 40	2 — 7
24°	41 — 37	7 — 12
25°	46 — 41	1 — 7
26°	41 — 36	7 — 11
27°	47 — 42	

Il était plus fort de jouer ici 49-44 et de forcer le jeu par 34-29 et 29-38. Les noirs répondaient par 11-17, 17-22, 22-28 et 18-20, exécutant un pionnage en arrière. Le coup joué est un temps perdu et laisse aux noirs leur liberté d'action.

	Blancs	Noirs
27°		11 — 17
28°	49 — 44	17 — 21
29°	34 — 29	14 — 19
30°	29 — 38	19 — 30
31°	31 — 26	

Coup bien joué. Si 40-35 ? les noirs jouaient 9-14 et 14-19, épuisant l'aile droite des blancs.

	Blancs	Noirs
31°		9 — 14
32°	26 — 17	12 — 21
33°	37 — 31	21 — 26
34°	32 — 28 !	

Forcé. Si 42-37 ? les noirs répondaient par 30-34, 18-22 et 18-42 !

	Blancs	Noirs
34°		26 — 37
35°	42 — 31	14 — 19
36°	38 — 32	30 — 34

Bon pionnage qui va neutraliser la gauche des blancs, mais en revanche 48-43 va devenir dangereux. A la place du coup joué, 6-11 était meilleur et empêchait les blancs de se former en les tenant sous la menace du coup par 30-34.

	Blancs	Noirs
37°	40 — 29	19 — 23
38°	28 — 19	13 — 33
39°	48 — 43	8 — 13
40°	43 — 39	6 — 11

Ce coup est nécessaire pour forcer le jeu des blancs.

	Blancs	Noirs
41°	39 — 28	11 — 17
42°	44 — 39	3 — 9
43°	39 — 33	

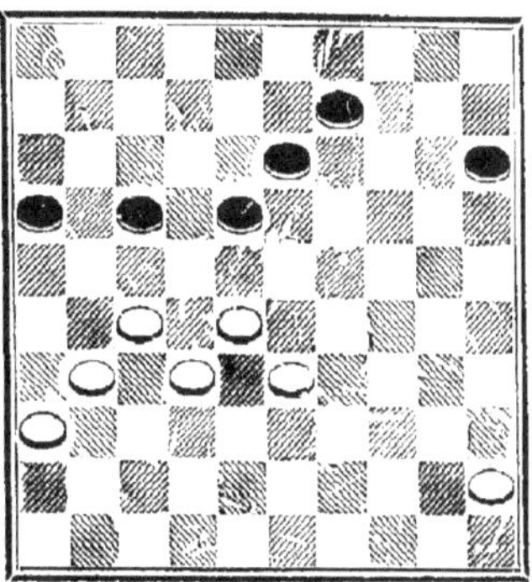

		Noirs
43°		13 — 19 !

Le seul pion empêchant les anicroches et forçant les blancs à jouer de suite 45-40. Les noirs joueront ensuite 19-24 ; cette dernière case a une grande importance et paralyse le jeu des blancs. Si 15-20 ? voici la suite qui se produisait :

45 - 40	40 - 34	34 - 29 !
20 - 24	9 - 14 ou 13 - 19	

et les blancs prenaient un grand avantage.

	Blancs	Noirs
44°	45 — 40	19 — 24
45°	31 — 26	9 — 14

joué en prévision du sacrifice d'un pion blanc par 26-21 et ensuite de l'attaque par 28-22. Dans ce cas, les noirs répondaient par 14-19 !

	Blancs	Noirs
46°	40 — 34	14 — 19
47°	36 — 31	15 — 20
48°	26 — 21	17 — 37
49°	32 — 41	18 — 23

Attaque forcée à laquelle les blancs ont bien répondu par 34-30 et 30-25. Les noirs vont rester avec quatre pions contre trois, mais cet avantage numérique ne suffira pas pour assurer le gain.

	Blancs	Noirs
50°	34 — 30	23 — 21
51°	30 — 25	19 — 23
52°	25 — 14	23 — 29
53°	33 — 28	

Au lieu de ce coup, les blancs avaient la remise immédiate par 14-9, 9-3, 3-8, 8-12 et 12-17.

	Blancs	Noirs
53°		29 — 34
54°	14 — 9	34 — 40
55°	9 — 3	21 — 26
56°	3 — 8	24 — 29
57°	8 — 12	29 — 34
58°	28 — 22	16 — 21
59°	12 — 3	40 — 45
60°	41 — 37	21 — 27
61°	22 — 31	

Remise.

CINQUIÈME PARTIE

jouée entre MM. Weiss (blancs) et Zimmermann (noirs).

	Blancs	Noirs
1°	33 — 28	18 — 23
2°	39 — 33	12 — 18
3°	44 — 39	7 — 12
4°	50 — 44	2 — 7

Les coups joués jusqu'à présent rentrent dans la partie classique. Dans cette position, il était plus fort de jouer 1 — 7, non pas pour l'instant, mais pour la suite de la partie. En conservant un pion à la case 2, cela donne plus de soutien et facilite les évolutions.

	Blancs	Noirs
5°	31 — 27	17 — 22

Ce pionnage ne peut qu'affaiblir l'aile droite des noirs et faciliter le jeu des blancs.

	Blancs	Noirs
6°	28 — 17	11 — 31
7°	36 — 27	7 — 11
8°	41 — 36	11 — 17
9°	36 — 31	6 — 11
10°	33 — 28	20 — 24
11°	46 — 41	1 — 6

Le dernier coup des blancs facilitait l'avance de 17 — 21 des noirs, car si les blancs attaquaient, les blancs damaient. En effet 31 — 26   26 — 17   37 — 26

```
        1 — 6    11 — 31   18 — 23
28 — 17   26 — 17   34 — 23

12 — 21   23 — 29   19 — 46
        12°  41 — 36        17 — 21
        13°  31 — 26
```

Bonne attaque pour affaiblir l'aile droite des noirs, mais si ceux-ci avaient un pion à la case 20 ; il y aurait perte d'un pion blanc par 23 — 29 et 29 - 33.

	Blancs	Noirs
13°		15 — 20
14°	26 — 17	11 — 33
15°	38 — 29	24 — 33
16°	39 — 28	6 — 11
17°	37 — 31	11 — 17
18°	44 — 39	17 — 21
19°	43 — 38	20 — 24
20°	49 — 43	10 — 15
21°	39 — 33	

Profitant du vide de la case 10, ce qui facilite les mouvements des blancs :

	Blancs	Noirs
21°		14 — 20
22°	31 — 36	24 — 29

Coup joué pour éviter de se compromettre dans une position difficile.

	Blancs	Noirs
23°	33 — 24	19 — 39
24°	43 — 34	20 — 25

Il valait mieux jouer ici 13 — 19 et ensuite se reconstituer au centre.

	Blancs	Noirs
25°	28 — 19	13 — 24
26°	26 — 17	12 — 21
27°	36 — 31	8 — 12
28°	38 — 33	9 — 13

Menaçant, si les blancs jouent 47 ou 48, de leur faire un coup de dame simple.

	Blancs	Noirs
29°	33 — 28	3 — 8
30°	42 — 38	15 — 20
31°	31 — 26	5 — 10
32°	26 — 17	12 — 21
33°	38 — 33	10 — 15
34°	34 — 29	13 — 19

Les noirs se créent du champ le plus possible. La partie se dessine et devient intéressante.

<pre>
35· 47 — 41   4 — 9
</pre>

Les noirs jouent hardiment ; seulement, cela pourrait devenir compromettant et ils risquent de ne plus pouvoir se reconstituer.

<pre>
36· 23 — 22   9 — 13
37· 33 — 28   24 — 33
38· 28 — 39
</pre>

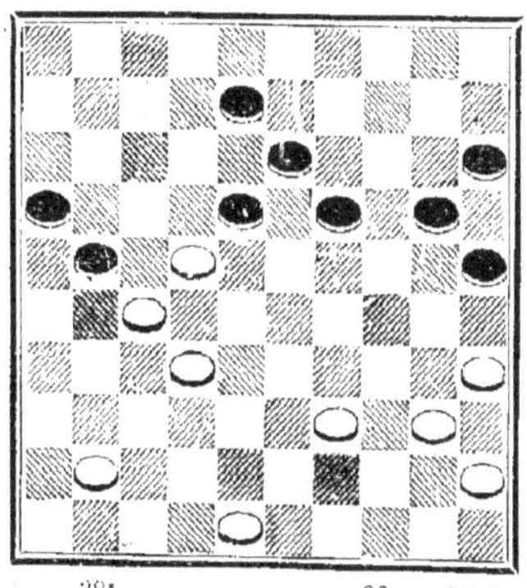

<pre>
38·   20 — 24 ?
</pre>

Mauvais et livrant au blancs un coup simple et avantageux. Le coup juste était 21 — 26.

<pre>
39· 32 — 28   21 — 23
40· 39 — 34   18 — 27
41· 34 — 30   25 — 34
42· 40 — 9   8 — 13
43·   9 — 18   27 — 32
</pre>

Le renvoi du pion blanc n'a rien produit. En juant de suite 27 — 32 ou 24 — 29, il y avait de faibles chances de réussir. Les noirs ont à présent peu d'espoir.

<pre>
44· 18 — 12   16 — 21
45· 12 — 8   21 — 27
46·   8 — 3   27 — 31
47·   3 — 8 ?
</pre>

Coup faible et donnant des chances de remise aux noirs par 19 — 23 et ensuite l'attaque. Le coup juste était 41 — 36, conservant les cinq pièces. Les noirs, en attaquant à 36, n'ont pas aperçu le coup final ?

<pre>
47·   31 — 36
48· 48 — 42   36 — 38
49· 35 — 30   24 — 35
50·   8 — 42
</pre>

Les noirs Zimmermann abandonnent.

SIXIEME PARTIE

Jouée contre MM. WEISS (bl.) et RAPHAEL, de Marseille (noirs), dans un match joué en 1900 à Paris pour le titre de champion.

<pre>
    Blancs   Noirs
 1· 34 — 30   20 — 24
</pre>

Position de début sortant du classique et qui présente un aspect dont l'intérêt, par la suite, ne fera pas défaut.

<pre>
 2· 32 — 28   17 — 22
 3· 28 — 17   11 — 22
</pre>

Le coup du texte facilite les mouvements des blancs ; 12 — 21 valait mieux.

<pre>
 4· 31 — 26   18 — 23
 5· 30 — 25
</pre>

Le coup de 37 — 31 valait mieux et, ensuite, avancer les pions petit à petit sur la grande diagonale.

<pre>
 5·   12 — 18
 6· 37 — 31   14 — 20
</pre>

Pourquoi faire ce pionnage, qui, après, laisse aux blancs la faculté de jouer 33 — 29, gagnant un pion sur le coup ? Ce pion sera repris par 7 — 11 ; mais les noirs courront après leur pion, laissant des temps de repos à leur adversaire, ce qui est contraire aux principes du jeu.

<pre>
 7· 25 — 14   9 — 20
 8· 40 — 34   24 — 29
</pre>

Bon pionnage, après lequel les noirs pourront facilement se reformer.

<pre>
 9· 33 — 24   20 — 40
10· 45 — 34   10 — 14
11· 41 — 37   7 — 12
12· 34 — 29
</pre>

Les blancs font disparaitre les noirs de la case 23 et essayent de leur interdire l'occupation de cette case. La position du marchand de bois sur la gauche des blancs intrigue énormément le jeu des noirs.

<pre>
12·   23 — 34
13· 39 — 30   14 — 20
14· 44 — 39   20 — 25
</pre>

```
15ᵉ  38 — 33      25 — 34
16ᵉ  39 — 30      19 — 24
```

Pionnage qui a pour but d'empêcher les blancs de jouer 37 — 32, où alors les noirs feront un deux pour deux qui désorganisera les deux centres.

```
17ᵉ  30 — 19      13 — 24
18ᵉ  43 — 39      18 — 23
```

Pion avancé pour former une barrière et, en même temps, attaquer et déconcerter les blancs.

```
19ᵉ  50 — 44       8 — 13
```

Les noirs ont avancé un pion qui va se trouver compromis.

En partie, il est bon de jouer un pion à deux fois : la position d'abord, le coup ensuite ; mais le coup ne doit pas se jouer au détriment de la position.

```
20ᵉ  37 — 32      13 — 19
21ᵉ  32 — 28      23 — 32
22ᵉ  33 — 29      24 — 33
23ᵉ  39 —  8       2 — 13
24ᵉ  49 — 43      15 — 20
25ᵉ  42 — 38      20 — 24
26ᵉ  38 — 27      24 — 30
```

Ce pionnage a pour but d'épuiser les blancs, pour empêcher certaines combinaisons sur leur droite.

```
27ᵉ  35 — 24      19 — 30
28ᵉ  43 — 39      13 — 19
29ᵉ  46 — 41
```

Les blancs ont gagné un pion, mais cela ne suffit pas. En raison de la faiblesse de leur droite, ils devaient jouer 47 — 42, suivi de 42 — 38, en un mot amener du renfort vers la droite.

```
29ᵉ                5 — 10
30ᵉ  41 — 37      10 — 14
31ᵉ  47 — 42
```

Deux temps perdus ; les noirs se rapprochent petit à petit.

```
31ᵉ               14 — 20
32ᵉ  42 — 38      20 — 24
33ᵉ  38 — 33       4 — 10
34ᵉ  37 — 32      10 — 15
35ᵉ  32 — 28      15 — 20
36ᵉ  27 — 21      16 — 27
37ᵉ  31 — 22      20 — 25
38ᵉ  44 — 40      19 — 23
```

Coup juste. Malgré leur pion de plus, les blancs devront porter toute leur attention sur le jeu des noirs, qui, depuis la perte de leur pion, ont joué les meilleurs coups, ce qui rend la fin très intéressante.

```
39ᵉ  28 — 19      24 — 13
40ᵉ  36 — 31       1 —  7
41ᵉ  31 — 27      13 — 19 !
```

Coup savamment joué et menaçant, dans le cas où les blancs joueraient 22 — 18, de 19 — 23, 30 — 34 et 25 — 45, qui eût fait perdre les blancs.

```
42ᵉ  27 — 21       7 — 11 !
```

Coup très fort. D'abord, empêchant les blancs de damer par 39 — 34 et 21 — 1 ; ensuite empêchant l'attaque par 21 — 16, car, dans ce cas, les noirs répondraient par 3 — 8, 8 — 12, 19 — 23, 30 — 34 et 25 — 45.

```
43ᵉ  48 — 43 ?
```

Coup faible. Il fallait, avant tout, se mettre à l'abri des surprises. Le meilleur coup était 40 — 34, empêchant 19 — 23 des noirs et si ceux-ci jouaient 30 — 35, les blancs répondraient par 33 — 29 !

```
43ᵉ               19 — 23
44ᵉ  43 — 38      11 — 16
45ᵉ  21 — 17       3 —  8
```

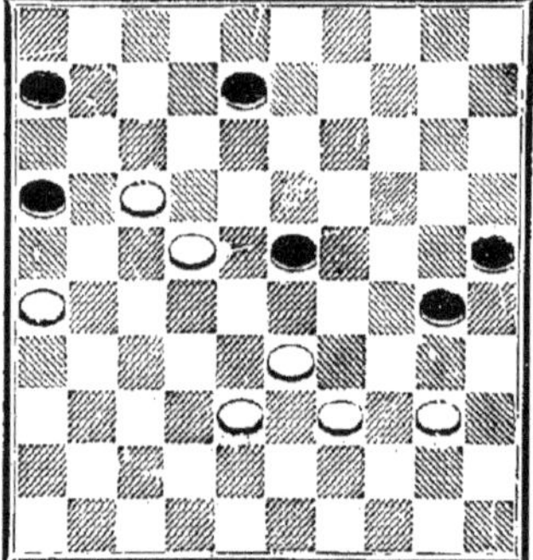

```
46ᵉ  40 — 34
```

A la place de ce coup, 38 — 32 était plus fort et donnait plus de chances de gain. Sur l'attaque des noirs par 30 — 35, les blancs répondaient par 22 — 18 et sur celle de 16 — 21, par 33 — 28 et l'avantage restait aux blancs.

```
46ᵉ               30 — 35
47ᵉ  38 — 32      25 — 30
48ᵉ  34 — 25      35 — 40
49ᵉ  25 — 20      40 — 45
```

	Blancs	Noirs
50°	20 — 15	16 — 21
51°	33 — 28	21 — 12
52°	28 — 19	12 — 17
53°	22 — 11	6 — 17
54°	15 — 10	17 — 21 !

Les noirs viennent de trouver la réponse juste pour obtenir la remise. Malgré les deux pions de plus, l'analyse ne peut démontrer le gain pour les blancs.

Au point de vue stratégique, cette partie annulée par les noirs vaut bien une partie gagnée.

	Blancs	Noirs
55°	26 — 17	45 — 50
56°	39 — 34	50 — 11
57°	10 — 4	11 — 7
58°	34 — 30	7 — 16
59°	32 — 28	16 — 11
60°	28 — 23	11 — 7
61°	4 — 18	7 — 1

REMISE

SEPTIEME PARTIE

Jouée entre MM. Weiss (blancs) et Dussaut (noirs).

	Blancs	Noirs
1°	34 — 30	20 — 25

Quoique l'analyse ne puisse démontrer quelle est la meilleure réponse sur le début de 34 30, il est certain que la réponse du texte est une bonne attaque

2°	31 — 27	

Les blancs auraient pu jouer 32-28 ; mais, dans le but de chercher la variété et de s'instruire sur de nouvelles combinaisons, ils ont joué le coup ci-dessous :

	Blancs	Noirs
2°		25 — 34
3°	39 — 30	15 — 20
4°	36 — 31	17 — 21

Coup joué en prévision d'une attaque des blancs par 31-26. Dans ce cas, les noirs laissaient prendre et forçaient les blancs à occuper la case 26 ; mais les blancs ont prévu le cas et forceront les noirs à occuper cette case en n'attaquant par 31-26 qu'au moment opportun.

	Blancs	Noirs
5°	30 — 25	21 — 26

La force des pions 26 des noirs et 25 des blancs n'est que momentanée. Par la suite, on peut toujours les échanger par des pionnages qui ne peuvent être évités :

	Blancs	Noirs
6°	41 — 36	18 — 23

bien placé en avant-garde dans le centre du jeu. Les blancs peuvent jouer le même coup, mais n'en voient pas l'utilité et ne s'en trouveront pas dans une plus mauvaise position.

	Blancs	Noirs
7°	44 — 39	12 — 18
8°	40 — 34	10 — 15
9°	47 - 41	

Dans cette formation, le coup joué est meilleur que 46-41, qui eût exposé les blancs à se trouver pris dans une mauvaise position :

	Blancs	Noirs
9°		20 — 24
10°	34 — 29	

La prise de ce trèfle est presque obligatoire et va causer une gêne momentanée aux noirs ; mais, comme ceux-ci pourront attaquer le trèfle, les blancs devront se fortifier sur leur droite :

	Blancs	Noirs
10°		23 — 34
11°	39 — 30	18 — 23
12°	43 — 39	7 — 12
13°	49 — 43	

Bien meilleur que 49-44, car le pion 43 est un pion de réserve :

	Blancs	Noirs
13°		12 — 18
14°	50 — 44	8 — 12
15°	33 — 28	

En ce moment, les blancs ne peuvent occuper une meilleure case. Le pion 28, ainsi placé, ne craint aucun obstacle.

	Blancs	Noirs
15°		2 — 8
16°	44 — 40	14 — 20

Bon pionnage en avant, meilleur que 1-7 ou 4-10 et, si les blancs attaquent par 30-25, 4-9 aura sa raison d'être.

	Blancs	Noirs
17°	25 — 14	9 — 20
18°	30 — 25	4 — 9
19°	25 — 14	9 — 20
20°	39 — 34	5 — 10

Le coup de 20-25 était plus fort et empêchait les blancs de jouer 43-39, car les noirs prenaient alors l'avantage par 12-17 si les blancs jouaient 27 22 et 31-22, les noirs n'hésitaient pas à pionner de nouveau par 24-30, etc., série de pionnages sans aucun désavantage pour les noirs.

	Blancs	Noirs
21°	34 — 30	20 — 25

Cette attaque laisse aux blancs un coup de dame qui serait très mauvais, par 28-22, 40-20, 27-21,

35-30, 45-40, 43-39, 38-29 et 32-5 et les blancs eussent vite perdu. Donc, l'attaque des noirs est bonne et 38-33 est la meilleure reponse.

22°	38 — 33	25 — 34
23°	40 — 20	15 — 24
24°	42 — 38	10 — 15
25°	45 — 40	15 — 20
26°	40 — 34	20 — 25
27°	43 — 39	24 — 30 ?

Coup faible. Le coup juste était ici 12-17 !, empêchant les blancs de jouer 27-21, 32-12 et 12-14, car alors les noirs revenaient par 13-19 ! et damaient dans de bonnes conditions. 12-17 obligeait les noirs à 48-43 et les noirs avaient l'avantage par 17-22 et 11-22, pénétrant dans le jeu des blancs.

28°	35 — 24	19 — 30
29°	28 — 19	13 — 24
30°	34 — 29	3 — 9
31°	29 — 20	25 — 14
32°	32 — 28	

obligeant les noirs de jouer 30-35 et le choix de jouer reste aux blancs.

32°		30 — 35
33°	39 — 34	14 — 20
34°	33 — 29	8 — 13
35°	38 — 33 !	9 — 14 ?

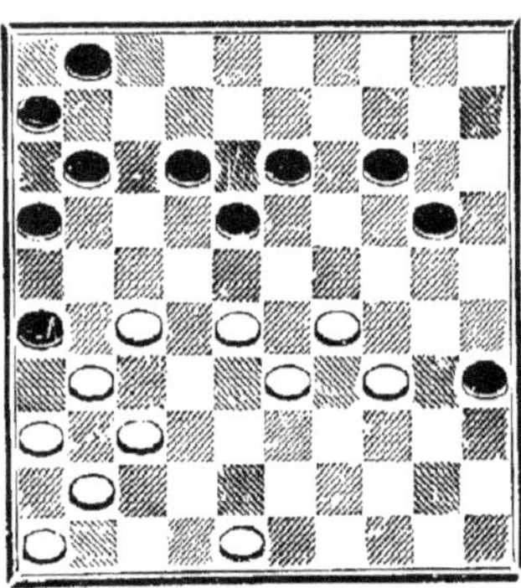

38-33 a été joué à plusieurs fins. Tout d'abord, il n'était pas compromis et fortifiait le centre; par la suite, il pouvait être joué à droite ou à gauche, selon le jeu de l'adversaire. Les noirs ont joué 9-14 pour, ensuite, jouer tranquillement 20-25, 25-30 et s'assurer le passage à dame par 35-40. Si les nors avaient joué 20-

25, les blancs n'hésitaient pas à jouer 37-32, 48-42, 41-37 et 28-19, restant avec un pion de moins, mais avec un avantage de position.

Le meilleur coup pour les noirs était 11-17. Les blancs répondaient par 27-22 et 31-11 et les noirs reprenaient au choix. Le jeu restait égal et, par la suite, les blancs devaient diriger leur pion souvant à droite pour résister à la gauche des noirs.

36°	37 — 32	26 — 37
37°	48 — 42	37 — 48
38°	41 — 37	48 — 22
39°	28 — 10	11 — 17
40°	32 — 28	20 — 25
41°	10 — 5	25 — 30
42°	34 — 25	17 — 22

Si 35-40 ?, les blancs jouaient 29-23, 28-22 et 5-35.

43°	28 — 17	35 — 40
44°	33 — 28	40 — 44
45°	28 — 23	18 — 22

Forcé pour empêché les blancs de faire de suite une autre dame.

46°	17 — 28	44 — 50
47	23 — 19	50 — 22
48°	19 — 14	22 — 18
49°	29 — 24	18 — 4
50°	24 — 19	4 — 15
51°	5 — 10 !	15 — 4
52°	36 — 31	4 — 36
53°	19 — 13	36 — 20
54°	25 — 14	

Les noirs abandonnent.

HUITIEME PARTIE

jouée entre M. Raphaël (blancs) et M. Weiss (noirs).

	Blancs	Noirs
1·	32 — 28	

Ce début de la partie du centre donne les mêmes avantages que 33-28. Lui est-il supérieur ou inférieur ? C'est ce que l'analyse ne peut démontrer. Jusqu'à la preuve contraire, tous les débuts sont également bons.

1°		17 — 21
2°	37 — 32	11 — 17
3°	31 — 27	

N'acceptant pas le coin en occupant la case 26 et reconnaissant les surprises qu'il y contient,

	Blancs	Noirs
3°		7 — 11
4°	41 — 37	19 — 23

Pionnage en avant pour engager la bataille.

	Blancs	Noirs
5°	28 — 19	14 — 23
6°	33 — 28	9 — 14
7°	28 — 19	14 — 23
8°	34 — 29	

Ce coup n'a pas d'aspect et représente la défensive. 47-41 valait mieux et représentait la lutte de part et d'autre.

	Blancs	Noirs
8°		23 — 34
9°	40 — 29	13 — 19
10°	39 — 33	

37-31 était meilleur et empêchait les noirs d'attaquer par 21-26.

	Blancs	Noirs
10°		1 — 7
11°	44 — 40	19 — 23
12°	50 — 44	

En jouant 40-34, les blancs auraient eu une position plus solide.

	Blancs	Noirs
12°		23 — 34
13°	40 — 29	20 — 25
14°	44 — 40	10 — 14
15°	33 — 28	3 — 9

Vu la position, le pion savant est mieux placé à 9 qu'à 3. Il faut occuper les bonnes cases et former une bonne réserve.

	Blancs	Noirs
16°	46 — 41	18 — 22

Mieux vaut pour les noirs faire le deux pour deux que de se le laisser faire. L'intérêt des noirs et de se maintenir ; celui des blancs, de se dégager pour se reconstituer.

	Blancs	Noirs
17°	27 — 18	12 — 34
18°	40 — 29	7 — 12
19°	36 — 31	21 — 26
20°	41 — 36	17 — 21
21°	38 — 33	9 — 13
22°	42 — 38	14 — 20

Cherchant à fausser le jeu des blancs et à les désorganiser.

	Blancs	Noirs
23°	43 — 39	4 — 10
24°	49 — 44	20 — 24

Ce pionnage rentre dans la menace du coup et oblige les blancs à répondre juste, sous peine d'arriver au coup fatal dont le dessin est tracé.

	Blancs	Noirs
25°	29 — 20	15 — 24
26°	44 — 40	10 — 15
27°	48 — 43	5 — 10

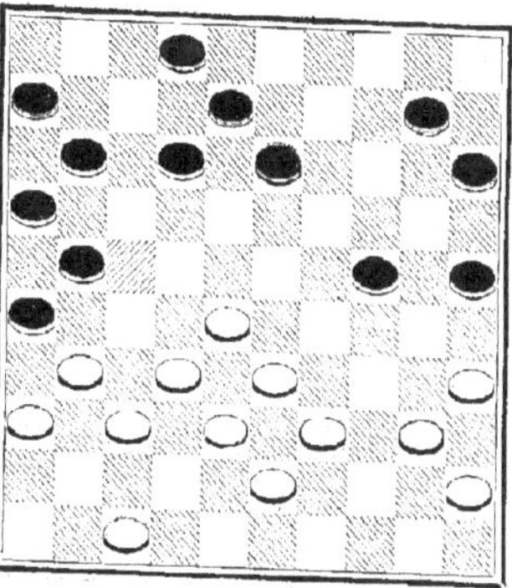

	Blancs	Noirs
28°	39 — 34 ?	

Les blancs sont tombés dans le piège qui va procurer un pion de gain aux noirs. Le coup juste était 40-34.

	Blancs	Noirs
28°		24 — 30
29°	35 — 24	21 — 27
30°	32 — 21 ?	

Coup faible. Il fallait prendre par 31-22 et conserver le pion 32 à sa case, ce qui, pour la fin de partie, permettait certaines combinaisons et donnait plus de chances de remise. Ensuite, si les noirs sacrifiaient leur pion 26, les blancs restaient à égalité de pièces en jouant 47-42.

	Blancs	Noirs
30°		16 — 27
31°	31 — 22	26 — 31 !
32°	36 — 27	13 — 18
33°	22 — 13	8 — 48
34°	40 — 34.	

La dame coûte trois pions et les blancs n'ont plus aucune chance de remise.

	Blancs	Noirs
34°		48 — 40
35°	45 — 34	15 — 20
36°	33 — 29	12 — 18
37°	47 — 42	18 — 22
38°	28 — 17	11 — 22
39°	38 — 33	10 — 14
40°	29 — 23	14 — 19
41°	23 — 14	20 — 9
42°	33 — 29	22 — 28

Les blancs Raphaël abandonnent.

NEUVIEME PARTIE

Jouée entre MM. DUSSAUT (blancs) et WEISS (noirs).

Blancs	Noirs
1" 33 — 28	17 — 21
2° 31 — 26	

Bonne attaque des blancs. Les noirs, ne voulant pas affaiblir leur aile droite, préfèrent fermer.

	11 — 17
3° 36 — 31	6 — 11
4° 31 — 27	1 — 6
5° 39 — 33	19 — 23

Le pionnage par 18 — 22 et 12 — 23 donnait plus de liberté d'action aux noirs et permettait ensuite d'avancer le pion 7 à 12.

6° 28 — 19	14 — 23
7° 33 — 28	

Pour attaquer, les blancs auraient pu attendre que les noirs aient avancé.

7°	9 — 14
8° 28 — 19	14 — 23
9° 38 — 33	4 — 9
10° 44 — 39	10 — 14
11° 50 — 44	5 — 10
12° 37 — 31	

Faible dans cette position, les blancs doivent, à moins d'un cas de force majeure, chercher à empêcher l'adversaire de se dégager.

12°	20 — 24
13° 33 — 28	24 — 29
14° 28 — 19	14 — 23
15° 39 — 33	

Bon pionnage, autrement les blancs étaient embarrassés. Il y avait réponse des noirs sur tout autre coup.

15°	29 — 38
16° 42 — 33	9 — 14
17° 44 — 39	23 — 28

C'est le moment de faire ce pionnage, sachant bien que les blancs reviendront à 32, mais les noirs ont des pièces pour se reformer.

18° 32 — 23	18 — 38
19° 43 — 32	12 — 18
20° 39 — 33	13 — 19
21° 34 — 29	

Occupation nécessaire de la case 29. Dans cette position, chacun des adversaires cherche la meilleure case et la maintient au-

tant que possible. La moindre faute, d'un côté comme de l'autre, serait fatale et déterminerait la perte.

21°	7 — 12
22° 41 — 37	2 — 7
23° 40 — 34	

Empêchant le pionnage des blancs par 18 — 23 et 12 — 34 et aussi 14 ou 15 à 20, à cause du coup de dame par 27 — 22, etc. 8 — 13 était la réponse juste.

23°	8 — 13
24" 46 — 41	3 — 8

Déplacement bien raisonné du pion savant.

25° 35 — 30	15 — 20
26° 30 — 25	19 — 24

Si les noirs se trouvent enchaînés, les blancs sont dans les mêmes conditions ; la position se prête à de grandes combinaisons et elle est remplie de difficultés.

27° 45 — 40	10 — 15
28° 40 — 35	

Livrant aux noirs un 4 pour 3 qui ferait gagner les blancs par le jeu suivant : Noirs, 24-30 ; 18-23 ; 20-40 et 15-24 ; mais blancs 33-29 ! noirs 24-33 et blancs passent à dame par 49-44 ; 48-43, etc.

28"	13 — 19
29° 48 — 42	18 — 23
30° 29 — 18	12 — 23
31° 34 — 30	8 — 13
32° 33 — 28	

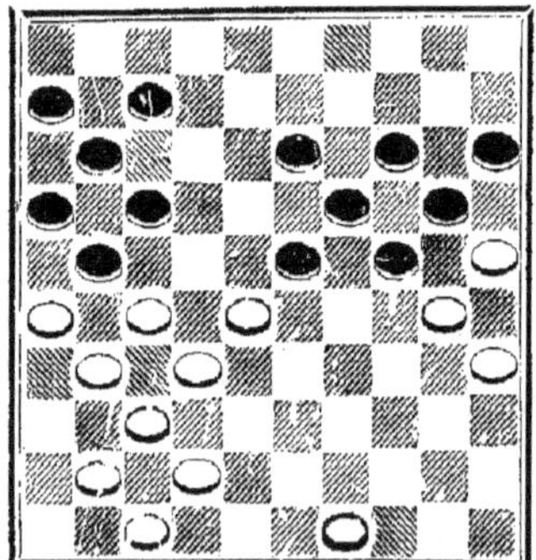

Le dernier coup des blancs cherche l'enchaînement de la gauche des noirs. Le contact va bientôt décider du résultat.

? Le coup juste était 7-12. Le coup du texte cédait un 8 pour 8 gagnant pour les blancs par 28-22. 26-17, 31-26, 26-21, etc.

	Blancs	Noirs
32°		13 — 18
33°	41 — 36	18 — 22
34°	27 — 29	24 — 22
35°.	31 — 27 !	

Le meilleur. Les noirs ont une position défectueuse sur leur droite ; mais, en compensation, ils ont plus de liberté sur leur gauche.

	Blancs	Noirs
35°		22 — 31
36°	36 — 27	19 — 23
37°	49 — 43	14 — 19

Les noirs n'ont rien de mieux que le pionnage en arrière.

	Blancs	Noirs
38°	25 — 14	19 — 10
39°	30 — 24	23 — 28

Pionnage nécessaire et préférable à 10 - 14, car les blancs attaqueraient par 24 — 19 et les noirs seraient obligés de jouer 23 — 28, ce qui renforcerait la position des blancs.

	Blancs	Noirs
40°	32 — 23	21 — 41
41°	47 — 36	7 — 12

Pour empêcher d'abord 36 — 31 et ensuite pour avancer 16 à 21, ce qui permettra d'opérer un double pionnage en arrière, rendant la partie bien égale.

	Blancs	Noirs
42°	35 — 30	16 — 21
43°	23 — 19	10 — 14
44°	19 — 10	15 — 4
45°	24 — 20	12 — 18
46°	20 — 14	18 — 23
47°	30 — 24	21 — 27
48°	43 — 39	

Pour pouvoir attaquer le pion 23, mais les blancs n'auront pas le temps nécessaire pour franchir assez vite.

	Blancs	Noirs
48°		23 — 28
49°	39 — 34	28 — 33
50°	24 — 20	

24 — 19 pouvait donner un meilleur résultat. Au point de vue théorique, il vaut toujours mieux jouer le coup qui donne lieu au plus grand nombre de combinaisons, sauf les exceptions; mais ici ce n'était pas le cas.

	Blancs	Noirs
50°		27 — 32
51°	34 — 29	

Très bon renvoi de deux pions. Ce coup sort de l'ordinaire et fait partie des surprises du jeu auxquelles il faut toujours porter une grande attention. Quoique bon, il n'est pas gagnant pour les blancs.

	Blancs	Noirs
51°		33 — 15
52°	14 — 10	11 — 16
53°	10 — 5	32 — 38
54°	42 — 33	4 — 10
55°	5 — 11	6 — 17
56°	33 — 29	17 — 22
57°	36 — 31	22 — 28
58°	31 — 27	15 — 20

Remise.

DIXIEME PARTIE

Jouée entre MM. DUSSAUT (blancs) et WEISS (noirs).

	Blancs	Noirs
1er	31 — 26	

Le premier coup des blancs est ce que l'on appelle un début irrégulier. En principe, le pion blanc 26 est à la disposition de l'adversaire, mais, par la suite, il sera soutenu par d'autres pions servant de renfort et qui le mettront à l'abri.

	Blancs	Noirs
1er		18 — 23
2°	37 — 31	12 — 18
3°	41 — 37	7 — 12
4°	46 — 41	

Le pion 46 joué à 41 au début de la partie est ce que l'on appelle le bon pion.

	Blancs	Noirs
4°		1 — 7
5°	34 — 30	20 — 24
6°	31 — 27	14 — 20

Ce coup est joué avec intention. Si les blancs attaquent à 25, les noirs auront le temps en faisant la fermeture et les blancs seront obligés d'ouvrir. Si les blancs n'attaquent pas, alors les noirs attaqueront à 25, afin d'affaiblir l'aile droite des blancs.

	Blancs	Noirs
7°	30 — 25	10 — 14
8°	36 — 31	17 — 21
9°	26 — 17	12 — 21
10°	41 — 36	

Coup faible. Pourquoi n'avoir pas attaqué par 31 — 26 bien meilleur que le coup du texte. Il y avait dans ce cas un coup de dame pour les noirs, mais beaucoup trop cher.

En effet $\dfrac{31-26}{23-29}$ $\dfrac{26-17}{11-31}$

37 — 26 26 — 17 17 — 6 6 — 17

16 — 21 6 — 11 7 — 11 24 — 30
25 — 12 12 — 23

13 — 18 19 — 46 et les noirs

perdraient sûrement.

10°		21 — 26
11°	33 — 28	7 — 12
12°	47 — 41	4 — 10

De part et d'autre, le même coup vient d'être joué sur la grande diagonale. 4 — 10 est supérieur à 5 — 10 ; en prévision du pionnage en avant par 24 — 29, il faut que le pion noir soit soutenu, mais les blancs ne se trouvent pas dans le même cas et ne peuvent attaquer par 27 — 22.

13°	40 — 34	24 — 30
14°	35 — 24	20 — 40
15°	44 — 35	

Les blancs n'ont pas repris par 45 — 34 à cause du pionnage en avant des noirs par 23 — 29 qui pouvait compromettre leur jeu.

15°		14 — 20

On pouvait aussi jouer 15 — 20 sans inquiétude.

16°	25 — 14	9 — 20
17°	50 — 44	20 — 24
18°	39 — 34	10 — 14
19°	34 — 30	12 — 17

Ce coup des noirs force les blancs à répondre 27 — 21 et va rendre le jeu très intéressant.

20°	27 — 21	16 — 27
21°	32 — 12	8 — 17
22°	38 — 32	2 — 8
23°	43 — 38	24 — 29

Rentrant dans le jeu de l'adversaire sans se compromettre, de leur côté, les blancs peuvent enlever le pion 29 par un pionnage.

24°	44 — 40	8 — 12
25°	49 — 43	3 — 8
26°	30 — 25	15 — 20
27°	31 — 27	

Au lieu de ce coup, 35 — 30 était bien plus gênant pour les noirs. Le principe essentiel du jeu de position est d'embarrasser le plus possible l'adversaire.

27°		17 — 22
28°	28 — 17	11 — 31
29°	36 — 27	29 — 34

Le meilleur coup. Si les blancs attaquent ensuite par 35 — 30, les noirs jouent 34 — 40 et 20 — 24.

30°	40 — 29	23 — 34

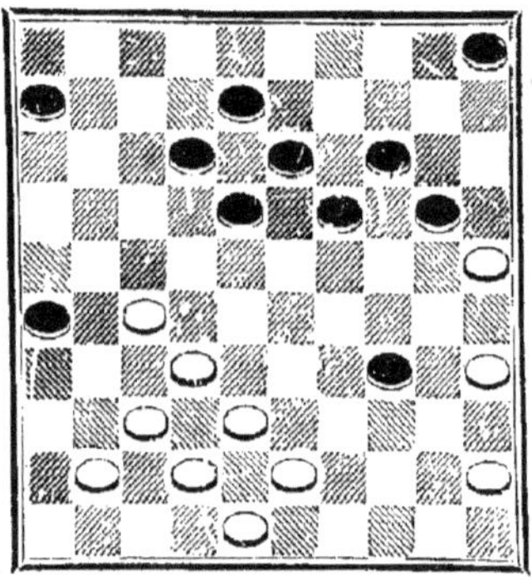

31°	43 — 39	34 — 43
32°	38 — 49	

Il valait bien mieux jouer 48 — 39. La base du jeu consiste dans l'avancement le plus rapide des pions.

32°		19 — 23
33°	42 — 38	20 — 24
34°	38 — 33	6 — 11
35°	33 — 28	14 — 19
36°	49 — 44	5 — 10
37°	48 — 43	11 — 16
38°	41 — 36	12 — 17
39°	44 — 39	8 — 12
40°	45 — 40	10 — 14
41°	40 — 34	17 — 21

Le seul : Tout autre pion pour les noirs serait mauvais.

42°	34 — 30	12 — 17
43°	43 — 38	17 — 22
44°	28 — 17	21 — 12
45°	39 — 33	12 — 17
46°	27 — 21	

Le meilleur pour les blancs. Si 33 — 28, les noirs répondaient 24 — 29 et les blancs étaient dans l'embarras.

46°		16 — 27
47°	32 — 12	18 — 7
48°	38 — 32	7 — 11
49°	36 — 31	13 — 18
50°	31 — 27	11 — 16
51°	33 — 28	24 — 29

	Blancs	Noirs
52°	28 — 22	26 — 31
53°	22 — 33	31 — 42
54°	33 — 29	

Pionnage nécessaire pour courir le moins de risques possible.

	Blancs	Noirs
54°		23 — 34
55°	30 — 39	42 — 47
56°	27 — 22	47 — 29
57°	22 — 17	29 — 45
58°	33 — 27	45 — 1
59°	39 — 33	1 — 45
60°	27 — 21	16 — 27
61°	17 — 11	45 — 1
62°	11 — 6	27 — 32
63°	33 — 29	1 — 45
64°	6 — 1	14 — 19
65°	1 — 6	

Remise.

ONZIEME PARTIE

Jouée entre MM. WEISS (blancs) et DUSSAUT (noirs).

	Blancs	Noirs
1°	33 — 28	17 — 21
2°	39 — 33	21 — 26
3°	31 — 27	18 — 23
4°	44 — 39	12 — 18
5°	34 — 30	

Se dirigeant vers la gauche des noirs, terrain solide que les blancs cherchent à occuper.

	Blancs	Noirs
5°		20 — 24
6°	30 — 25	7 — 12
7°	40 — 34	24 — 30

Bon pionnage désorganisant la droite des blancs et conservant la case 23.

(le pion d'avant-garde)

	Blancs	Noirs
8°	35 — 24	19 — 30
9°	28 — 19	14 — 23
10°	50 — 44	10 — 14
11°	44 — 40	1 — 7
12°	49 — 44	4 — 10
13°	36 — 31	

Ne craignant pas 11 — 17 qui est la bonne réponse.

	Blancs	Noirs
13°		11 — 17
14°	41 — 36	17 — 22
15°	47 — 41	14 — 19

Si 7 — 11 ? les blancs gagnaient le pion par 34 — 29 !

	Blancs	Noirs
16°	25 — 20	15 — 24
17°	34 — 25	23 — 29

Le pion 29 n'est pas compromis, mais c'est une tentative pleine de hardiesse.

	Blancs	Noirs
18°	40 — 35	10 — 14
19°	45 — 40	

Meilleur que 44 — 40. Ce coup empêche 19 — 23 et facilite, s'il est besoin, le pionnage par 33 — 28.

	Blancs	Noirs
19°		6 — 11
20°	35 — 30	24 — 35
21°	33 — 24	19 — 30
22°	25 — 34	5 — 10
23°	39 — 33	11 — 17
24°	43 — 39	

Pour empêcher 17 — 21 des noirs, car les blancs répondraient par 34 — 30, 33 — 29 et 39 — 17.

	Blancs	Noirs
24°		13 — 19
25°	27 — 21	

Première menace, contribuant aux surprises, tout en maintenant la position sans crainte d'aucun danger.

	Blancs	Noirs
25°		16 — 27
26°	32 — 21	

	Blancs	Noirs
26°		8 — 13

Les noirs tombent dans le piège préparé par les blancs. Le coup des noirs était bien joué au point de vue de la position, mais il y a toujours le coup dont on ne se méfie jamais assez.

	Blancs	Noirs
27°	34 — 30	35 — 24
28°	33 — 28	22 — 33
29°	38 — 20	14 — 25
30°	37 — 32	26 — 28
31°	40 — 34	17 — 26
32°	36 — 31	26 — 37
33°	41 — 5	

La dame ne coûte qu'un pion. Si les noirs veulent la prendre, ils seront obligés d'en sacrifier quatre.

```
33'              12 — 17
34'  5 — 10      17 — 22
35'  10 — 15     18 — 23
36'  42 — 37
```

Si 15 — 10, les noirs pourraient prendre la dame par 23 — 29, 9 — 14 et 2 — 13, mais les blancs resteraient encore avec un pion de plus.

```
36'              7 — 11
37'  46 — 41     22 — 27
38'  39 — 33     13 — 18
39'  33 — 28
```

Les blancs pouvaient en finir de suite par 37 — 31, 33 — 28, 34 — 29 et 15 — 40.

```
39'              23 — 32
40'  37 — 28     11 — 16
41'  34 — 29     9 — 14
42'  15 — 4      16 — 21
```

Coup joué pour prendre la dame, mais après, les noirs auront trois pions contre cinq.

```
43'  4 — 31      21 — 27
44'  31 — 20     25 — 14
45'  29 — 23     2 — 8
46'  41 — 37     8 — 13
47'  28 — 22     13 — 19
48'  23 — 18     14 — 20
49'  18 — 12     20 — 24
50'  12 — 7
```

Les noirs (DUSSAUT), abandonnent.

DOUZIÈME PARTIE

Jouée entre M. Barteling (blancs) et M. Weiss (noirs).

Blancs	Noirs
1' 33 — 28	20 — 24
2' 34 — 30	18 — 23

Les noirs, suivant l'exemple des blancs, adoptent la partie du centre.

```
3'  39 — 33     13 — 18
```

Dans cette position on joue ordinairement 12 — 18. Les noirs ont joué ce coup pour varier, sachant qu'un seul pion peut modifier toute la physionomie d'une partie.

```
4'  44 — 39     17 — 21
5'  31 — 26     9 — 13
6'  26 — 17     12 — 21
7'  30 — 25     7 — 12
8'  40 — 34     1 — 9
9'  34 — 29
```

Bon pionnage qui a pour effet l'enchaînement de la gauche des noirs.

```
9'               23 — 34
10'  39 — 30     18 — 23
11'  50 — 44     12 — 18
12'  44 — 39     1 — 7
13'  36 — 31     7 — 12
14'  31 — 27     15 — 20
```

Ce coup a l'air d'être joué faiblement, mais il a son utilité pour pouvoir, par la suite, pionner en avant.

```
15'  49 — 44     10 — 15
16'  44 — 40     24 — 29
```

Pionnage en avant pour pénétrer dans le jeu des blancs et engager la bataille.

```
17'  33 — 24     20 — 29
18'  39 — 33     14 — 20
19'  25 — 14     9 — 20
20'  33 — 24     20 — 29
21'  41 — 36
```

Les blancs ne font pas le pionnage pas 40 — 34, en raison de la réponse 15 — 20 des noirs. En ce moment, ils peuvent attendre, mais ne le pourront toujours.

```
21'              5 — 10
22'  37 — 31     10 — 14
23'  47 — 41     12 — 17
```

Coup joué pour forcer le jeu des blancs. Si ceux-ci jouent 31 — 26, les noirs joueront 3 — 9 et si alors les blancs répondent par 40 — 34, les noirs feront avancer leurs pièces sur la gauche.

```
24'  40 — 34     29 — 40
25'  45 — 34     14 — 20
26'  41 — 37     20 — 24
```

Si 21 — 26 ? c'était la débâcle pour les noirs. Les blancs répondaient par 27 — 21, 32 — 12, 12 — 25, etc. Le coup joué empêche les blancs de gagner du terrain.

```
27'  30 — 25     24 — 30
28'  35 — 24     19 — 39
29'  43 — 34     3 — 9
30'  28 — 19     13 — 24
31'  25 — 20
```

34 — 29 était plus fort et donnent plus de champ aux blancs.

```
31'              24 — 30
32'  34 — 25     15 — 24
33'  27 — 22
```

Double pionnage obligatoire, car le pion noir 18 allait devenir gênant, et il est bon de s'en débarrasser.

```
33°                 18 — 27
34°  31 — 22        17 — 28
35°  32 — 23        11 — 17
36°  48 — 43
```

Joué pour venir soutenir le pion 23 qui pourra avoir besoin de renfort.

```
36°                 8 — 13
37°  43 — 39 !
```

Si 38   32 ! les noirs 13 — 19, 21 — 26 et 16 — 47.

16 — 47.

```
37°                 9 — 14
38°  39 — 33        13 — 19
39°  33 — 29 ?
```

Pourquoi jouer ce coup ? Pour arriver à passer à dame, mais il va y avoir la perte d'un pion et l'avantage restera aux noirs. Il fallait jouer 33 — 28 ! qui donnait un meilleur résultat. Si noirs 2 — 8, blancs 23 — 18 ; si noirs 14 — 20, blancs 23 — 14 et ensuite 28 — 23.

```
39°                 24 — 33
40°  38 — 29        19 — 28
41°  36 — 31        21 — 26
42°  31 — 27         2 — 8
```

Si 17 — 21 ? les blancs joueront 27 — 22 et s'assureront le passage à dame par 29 — 24. Le meilleur coup était 6 — 11 empêchant 27 — 22 des blancs, car il y a la réponse de 28 — 33 et 17 — 28.

```
43°  27 — 22        28 — 33
44°  22 — 11         6 — 17
45°  29 — 38        17 — 22
46°  38 — 33         8 — 13
47°  46 — 41        16 — 21
48°  42 — 38 ?
```

Sans hésiter, les blancs devaient jouer 33 — 29, obligeant les noirs à jouer 13 — 19 et ensuite 42 — 38 forçant la remise.

```
48°                 21 — 27
49°  33 — 29        27 — 31
50°  37 — 32 ?
```

Ici, les blancs avaient encore quelques chances de remise par 29 — 24 et 24 — 20.

```
50°                 31 — 37 !
```

Entrant sans hésitation dans la lunette. Les blancs, un peu tard, vont tenter la remise.

```
51°  41 — 36        37 — 28
52°  29 — 24        14 — 19
```

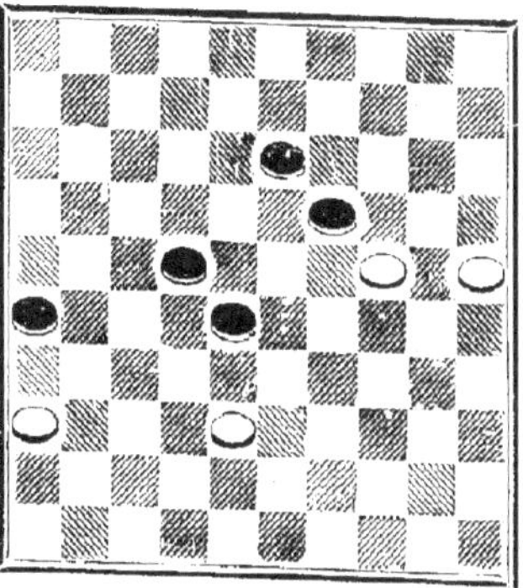

```
53°  24 — 20 ?
```

Mauvais. Il y avait encore remise pour les blancs par 25 — 20, 20 — 15, 15 — 10, et 10 — 5. Maintenant les noirs vont renvoyer et entrer en lunette, ce qui va mettre les blancs en fort mauvaise posture.

```
53°                 19 — 24 !
54°  20 — 29        28 — 33
55°  29 — 24        33 — 42
56°  25 — 20        42 — 48
57°  20 — 14 forcé  22 — 27
58°  14 — 10.
```

Les blancs auraient pu sacrifier leur pion 24, mais la perte était toujours inévitable.

```
58°                 48 — 37
```

Les blancs (Barteling) abandonnent.

TREIZIEME PARTIE

Jouée entre MM. WEISS (blancs) et DUSSAUT (noirs).

```
1°  34 — 30        20 — 25
2°  32 — 28        25 — 34
3°  39 — 30        15 — 20
```

Les noirs n'ont aucun intérêt à échanger les pièces, car l'épuisement se porterait plutôt de leur côté que du côté des blancs.

```
4°  44 — 39        20 — 25
```

L'attaque des noirs, toujours à la même case, a pour but d'affaiblir l'aile droite des blancs ou de fermer par 39 ou 40 — 34 ; ces derniers ont le choix.

```
5°  50 — 44        25 — 34
6°  39 — 30        14 — 20
7°  44 — 39        20 — 24
```

Changement de tactique des noirs qui estiment ne pouvoir arriver à rien de satisfaisant en poursuivant l'attaque par 20 — 25.

```
 8°  40 — 34        10 — 14
 9°  43 — 40        14 — 20
10°  28 — 23
```

Pionnage qui a pour but de désorganiser le jeu des noirs.

```
10°                 19 — 23
11°  30 — 19        13 — 24
12°  33 — 13         8 — 19
13°  34 — 30        20 — 25
```

Attaque qui n'a rien d'inquiétant pour les blancs et à laquelle ils peuvent répondre sans peine.

```
14°  40 — 34        12 — 18
15°  39 — 33         7 — 12
16°  37 — 32         1 —  7
```

Ne voulant pas, et avec raison, faire le trois pour trois par 24 — 29 et 17 — 26, la beauté du jeu demandant la conservation des pièces le plus longtemps possible.

```
17°  31 — 27        17 — 21
18°  36 — 31        21 — 26
```

Les noirs, pour éviter l'affaiblissement de leur aile droite, préfèrent attaquer que se laisser attaquer.

```
19°  33 — 29
```

Bon dégagement par un coup de quatre pour quatre qui procure un avantage de position aux blancs.

```
19°                 26 — 28
20°  29 — 20        25 — 14
21°  27 — 21        16 — 27
22°  38 — 32        28 — 37
23°  42 — 24         9 — 13
```

Il était plus fort de jouer ici 5 — 10 qui forçait les blancs à amener du renfort, car, lorsque les noirs auraient joué 10 — 15, et 14 — 20, il aurait fallu répondre à l'attaque.

```
24°  30 — 25        12 — 18
25°  43 — 39        11 — 17
26°  39 — 33        17 — 22
```

Pion bien joué et cherchant à entraver la marche des blancs.

```
27°  34 — 29         7 — 12
28°  41 — 37        13 — 19
```

Rentrant dans leurs foyers, bonne mesure de prudence, mais cependant, il était plus fort de jouer d'abord 6 — 11, 11 — 17 et ensuite le pionnage, en arrière, de 13 — 19. Ainsi que le dit le proverbe : tout vient à point à qui sait attendre.

```
29°  24 — 13        18 —  9
30°  37 — 32        14 — 20
```

Pionnage qui commence à dessiner la faiblesse des noirs.

```
31°  25 — 14         9 — 20
32°  35 — 30        20 — 25
33°  30 — 24         6 — 11
34°  32 — 28        22 — 27
35°  46 — 41        11 — 17
36°  49 — 43        17 — 21
37°  43 — 39        21 — 26
38°  39 — 34         2 —  8
39°  48 — 42
```

Coup nécessaire pour répondre à l'avance des noirs.

```
39°                  5 — 10
40°  42 — 38         4 —  9
41°  38 — 32
```

Echange utile pour conserver une grande force contre la droite des noirs.

```
41°                 27 — 38
42°  33 — 42        12 — 17
43°  41 — 37         8 — 13
```

A la place de ce coup, 10 — 15 formait une petite réserve et se trouvait moins exposé aux surprises des blancs ; c'est le moment, pour les noirs, où le terrain est semé de pièges.

```
44°  28 — 23         3 —  8
45°  42 — 38         8 — 13
46°  38 — 33        13 — 18
```

Meilleur que tout autre ; les noirs ne peuvent plus jouer que la défensive.

```
47°  37 — 32        26 — 31
48°  24 — 19        17 — 21
49°  33 — 28
```

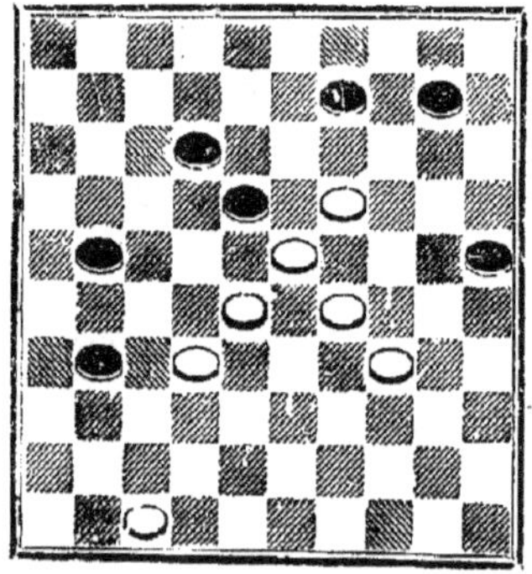

```
49°                 21 — 26
```

Au lieu de ce coup 12 — 17 était meilleur sans cependant donner des chances de remise. De toute manière, les noirs auraient eu bien du mal à éviter la perte.

	Blancs	Noirs
50°	19 — 13	25 — 30
51°	13 — 15	30 — 39
52°	15 — 10	39 — 44
53°	10 — 4	31 — 36

Les noirs avaient ici quatre façons de jouer : 31 — 36 ou 37 et 44 — 49 ou 50. Ils ont joué le meilleur, car s'ils avaient damé de suite, le pion blanc 23 fesait dame et les blancs gagnaient par le nombre de pièces.

	Blancs	Noirs
54°	4 — 27	44 — 50
55°	27 — 22	50 — 45 forcé
56°	22 — 4	12 — 18 forcé

Si 12 — 17, les blancs jouent 4 — 15 et les noirs perdent presque sur-le-champ.

	Blancs	Noirs
57°	4 — 22	45 — 40

Le meilleur coup, mais il n'y a plus rien à faire.

	Blancs	Noirs
58°	22 — 4	40 — 35
59°	28 — 22	26 — 31
60°	4 — 15	35 — 2
61°	22 — 17 !	

Coup qui ne laisse plus aucune case à la dame noire.

	Blancs	Noirs
61°		2 — 35
62°	23 — 19	35 — 24
63°	15 — 26	

Les noirs (DUSSAUT) abandonnent.

QUATORZIEME PARTIE

Jouée entre MM. DUSSAUT (blancs) et WEISS (noirs).

	Blancs	Noirs
1er	33 — 28	20 — 24
2°	34 — 30	15 — 20

Les noirs acceptent l'enchaînement de leur gauche par les blancs pour rentrer dans une position sortant de l'ordinaire.

	Blancs	Noirs
3°	30 — 25	18 — 23
4°	39 — 33	10 — 15
5°	31 — 27	17 — 21
6°	37 — 31	21 — 26
7°	44 — 39	26 — 37
8°	42 — 31	12 — 17
9°	47 — 42	7 — 12
10°	41 — 37	

Ce coup permet aux noirs l'avance de 12 — 18 et de grouper d'autres pions pour prendre une bonne position.

	Blancs	Noirs
10°		12 — 18
11°	39 — 34	

Pour empêcher les noirs de pionner par 24 — 30, autrement perte d'un pion, et ensuite avance 34 — 29 qui donnera une position avantageuse.

	Blancs	Noirs
11°		17 — 21
12°	34 — 29	23 — 34
13°	40 — 20	2 — 7
14°	43 — 39	21 — 26
15°	50 — 44	7 — 12
16°	27 — 22 ?	

Ce coup n'avait aucune utilité. Pourquoi ne pas attendre en jouant 49 — 43. Si noirs 1 — 7, les blancs forceront le gain par 28 — 22. Si noirs 4 ou 5 à 10, blancs 46 — 41 et si alors noirs 19 — 23, les blancs iront à dame par 33 — 28, etc.

	Blancs	Noirs
16°		18 — 27
17°	31 — 22	12 — 18
18°	37 — 31	18 — 27
19°	31 — 22	8 — 12
20°	46 — 41 ?	

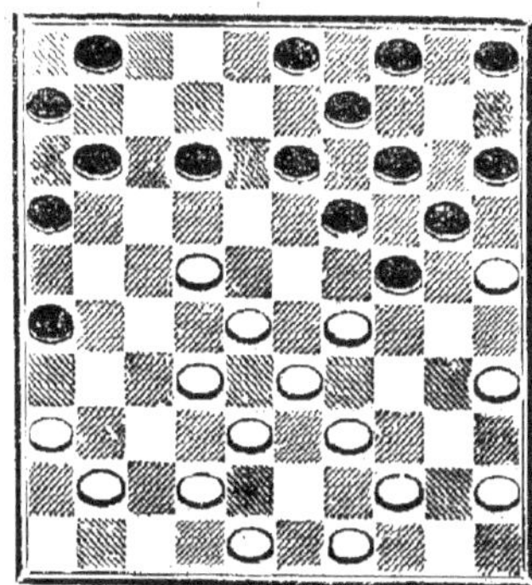

Coup faiblement joué.

Les blancs en jouant 36 — 31 et 32 — 41 étaient on ne peut plus tranquilles.

	Blancs	Noirs
20°		12 — 18
21°	32 — 27 ?	

Mauvais. Cette réponse va livrer aux noirs un coup de trois pour cinq. Le meilleur, sur l'attaque des noirs était de jouer 39 — 34 et

34 — 30. La perte du pion était compensée par la position.

21°		18 — 23
22°	29 — 18	16 — 21
23°	27 — 7	1 — 34
24°	44 — 40 ?	

Encore un coup faible et qui permet aux noirs de damer. Les blancs ici n'avaient pas d'autre coup que 44 — 39.

24°		24 — 30 !
25°	40 — 29	30 — 34
26°	29 — 40	13 — 18
27°	22 — 24	20 — 47
28°	41 — 37	47 — 33
29°	37 — 32	33 — 11
30°	40 — 34	14 — 20 !
31°	25 — 14	9 — 20
32°	35 — 30	3 — 8
33°	34 — 29	11 — 2

Les blancs (DUSSAUT) abandonnent.

QUINZIEME PARTIE

Jouée entre MM. WEISS (blancs) et DUSSAUT (noirs).

Blancs		Noirs
1°	31 — 27	17 — 21
2°	36 — 31	

Laissant à dessein occuper la case 26 pour sortir de la partie classique : risquant la perte pour obtenir le gain.

2°		21 — 26
3°	41 — 36	18 — 23
4°	34 — 29	

Les blancs pouvaient occuper la case 28, mais leur coup a été joué pour rentrer dans une partie difficile.

4°		23 — 34
5°	39 — 30	20 — 25

Bien joué pour épuiser les pions blancs ; il est vrai que ceux-ci ont assez de pièces pour accepter les attaques.

6°	44 — 39	25 — 34
7°	39 — 30	19 — 24
8°	30 — 19	14 — 23

A remarquer ici que les blancs cherchent à sortir de la partie classique tandis que les noirs cherchent à y rentrer : cela fait un contraste très intéressant.

9°	50 — 44	10 — 14
10°	44 — 39	14 — 19
11°	39 — 34	5 — 10

12°	49 — 44	10 — 14
13°	44 — 39	15 — 20
14°	47 — 41	

Meilleurs que 46 — 41 qui eût exposé les blancs, dans la suite, à se trouver pris dans une position défectueuse.

14°		20 — 24
15°	34 — 29	23 — 34
16°	40 — 20	14 — 25
17°	45 — 40	19 — 24

Cœur hardi. Ce pion est loin d'être compromis et il menace en même temps d'affaiblir l'aile droite des blancs.

18°	40 — 34	4 — 10
19°	32 — 28	10 — 15
20°	27 — 22	

Répondant à la tactique des noirs, qui se préparent à attaquer l'aile droite des blancs. Ceux-ci cherchent une forme de jeu en donnant lieu à des combinaisons et, en même temps, établissent une barrière contre les noirs.

20°		12 — 17
21°	31 — 27	13 — 19
22°	28 — 23	

Forçant les noirs à prendre par 17-28 ou coup de dame par 27-21. En même temps commence la désorganisation de ces derniers, en raison de la faiblesse de leur centre.

22°		17 — 28
23°	23 — 32	8 — 13
24°	34 — 30	25 — 34
25°	39 — 30	15 — 20

Voilà un pion qui aurait une bonne valeur si les blancs attaquaient par 30-25 ; mais, dans l'hypothèse contraire, les noirs se trouvent un peu affaiblis et manquent de réserve sur leur gauche.

26°	43 — 39	20 — 25
27°	48 — 43	25 — 34
28°	39 — 30	13 — 18
29°	43 — 39	7 — 12
30°	39 — 34	1 — 7
31°	30 — 25	

Dans le cas où les blancs attaqueraient par 34-29, les noirs faisaient un trois pour trois par 9-13, 18-22 et 3-34. Les blancs préfèrent manœuvrer pour avancer graduellement.

31°		18 — 23

Le meilleur coup. Si 19-23 ? les blancs répondaient par 27-22, 32-21 et 34-30, avec une mauvaise position pour les noirs.

32°	27 — 22	9 — 14

Le meilleur coup pour les noirs, forçant les blancs de pionner par 33-29 et donnant aux noirs l'espoir d'arrêter la marche des blancs.

33°	33 — 29	24 — 33
34°	38 — 18	12 — 23
35°	32 — 28	

Pionnage en avant forcé, car si 34-30 ? les noirs, par 23-29, prenaient un grand avantage.

35°		23 — 32
36°	37 — 28	7 — 12
37°	42 — 38	2 — 8

Renfort pour opérer l'attaque du pion blanc 22.

38°	33 — 33	8 — 13
39°	36 — 31	26 — 37
40°	41 — 32	11 — 17

Les noirs se débarrassent d'un pion qui devient gênant.

41°	22 — 11	6 — 17
42°	34 — 30	12 — 18

Les noirs pouvaient faire un coup de quatre pour trois, mais ils n'y sont pas obligés par leur position.

43°	30 — 24	19 — 30
44°	35 — 24	18 — 22

Pour empêcher le pion blanc 28 d'avancer, mais en même temps facilitant le pionnage aux blancs, qui n'hésitent pas.

45°	33 — 29	22 — 33
46°	29 — 38	17 — 22
47°	38 — 33	22 — 27
48°	32 — 21	16 — 27
49°	33 — 28	

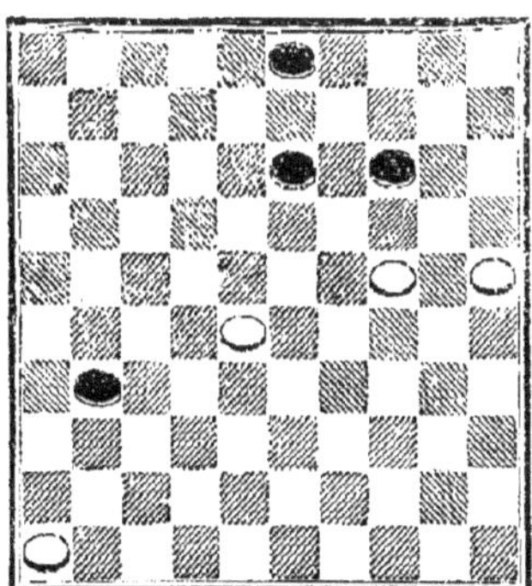

Point intéressant de la fin de partie. Le coup joué par les blancs est bien celui qui donne le plus de chances de gain. Si 46-41 ? les noirs jouent 13-18 et les blancs n'ont plus rien à faire.

49°		27 — 31
50°	24 — 20	31 — 37
51°	20 — 18	37 — 42
52°	18 — 12	42 — 48
53°	12 — 7	43 — 39
54°	28 — 23	3 — 9
55°	7 — 1	

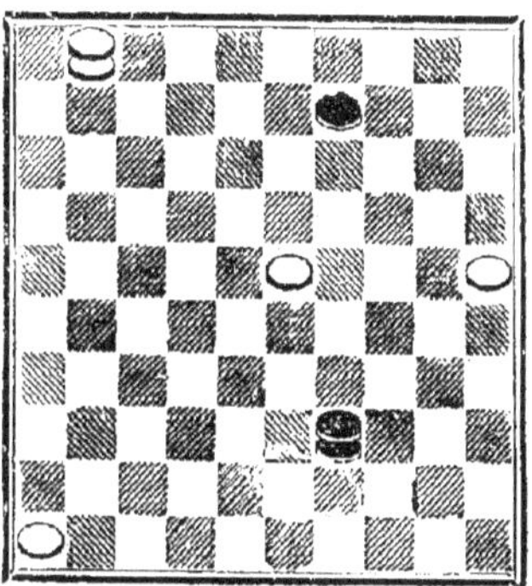

55°		9 — 13 ?

Ce coup est mauvais et abrège de suite une partie où les noirs pouvaient arriver à forcer la remise ; seulement il n'y avait guère que l'analyse qui pouvait faire découvrir le meilleur coup des noirs.

En effet $\dfrac{}{39 - 17}$ | si $\dfrac{46 - 41}{9 - 13}$ à volonté

$\dfrac{}{17 - 3 \text{ ou } 26}$ remise

si $\dfrac{25 - 20}{17 - 3}$ $\dfrac{20 - 15}{9 - 13}$ remise

si $\dfrac{1 - 18}{9 - 14}$ La dame blanche étant

forcée de rester sur la ligne de 1 à 23 ne peut empêcher la dame noire 17 de venir à 3 et de faire le pionnage.

De toute façon, la remise était forcée, les coups ci-dessus étant les plus forts des deux côtés.

	Blancs	Noirs
56°	23 — 19	13 — 24
57°	1 — 34	39 — 30
58°	25 — 34.	

Les noirs Dussaut abandonnent.

SEIZIEME PARTIE

Jouée entre MM. WEISS (blancs)

M. DUSSAUT (noirs)

	Blancs	Noirs
1°	31 — 27	

Ce début n'est pas classique, mais régulier et aussi bon que tout autre. Il n'existe pas de mauvais débuts. Il s'agit de savoir se servir des pièces que l'on possède.

	Blancs	Noirs
1°		17 — 21
2°	36 — 31	21 — 26

Les noirs, en occupant la case 26, dénommée à tort bonne case, cherchent à empêcher les blancs de se mouvoir à leur aise sur leur gauche.

	Blancs	Noirs
3°	41 — 36	18 — 23
4°	47 — 41	

Dans cette position, le coup joué est préférable à 46 — 41, qui aurait pu être embarrassant par la suite.

	Blancs	Noirs
4°		12 — 18
5°	33 — 28	7 — 12
6°	39 — 33	20 — 24
7°	44 — 39	14 — 20
8°	34 — 30	10 — 14

Bien meilleur que l'attaque de 20 — 25, car les blancs eussent laissé faire le deux pour deux, reprenant ensuite une formation de jeu, tandis que, par la fermeture de 10 — 14, ils se réservaient le temps vis-à-vis des blancs.

	Blancs	Noirs
9°	30 — 25	4 — 10
10°	49 — 44	1 — 7
11°	39 — 34	16 — 21

Très bon pionnage de quatre pour quatre et qui va fort gêner les blancs. Les pions noirs 23 et 28 vont occuper le centre du damier. Les blancs pourront se débarrasser du pion 28 par un pionnage ; mais il restera le pion 23 en avant-garde. Dans la position créée après le pionnage, les blancs devront chercher à se reconstituer pour ne pas être gênés.

	Blancs	Noirs
12°	27 — 16	18 — 22
13°	28 — 17	12 — 21
14°	16 — 27	24 — 30
15°	35 — 24	19 — 28

	Blancs	Noirs
16°	43 — 39	20 — 24

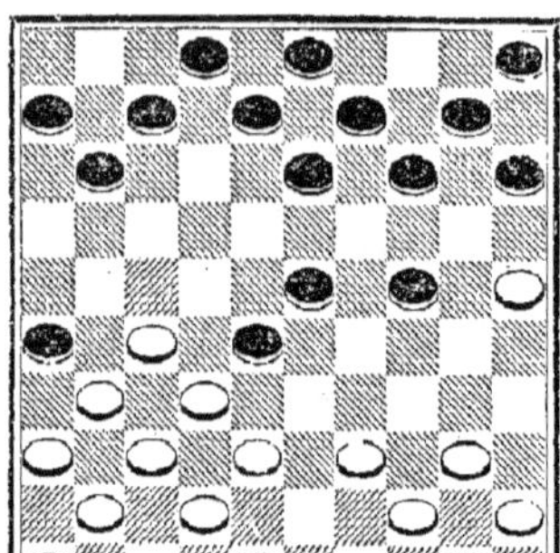

	Blancs	Noirs
17°	40 — 35	

Ce coup est mauvais et laisse aux noirs un coup de dame sans perte de pion. L'attaque de 38 — 33 n'était pas bonne en raison de la réponse des noirs par 7 — 12 et 12 — 17. Le coup juste était 29 — 33, qui donnait un petit jour aux blancs.

	Blancs	Noirs
17°		23 — 29
18°	32 — 34	24 — 30
19°	35 — 24	14 — 20
20°	25 — 14	9 — 49
21°	38 — 32	13 — 18
22°	42 — 38	7 — 12
23°	48 — 43	18 — 23

Empêchant la sortie des blancs par 32 — 28, petite ressource pour prendre la dame en perdant un pion.

	Blancs	Noirs
24°	27 — 22	40 — 35
25°	32 — 27	12 — 17
26°	38 — 32	

Les blancs n'ont rien de mieux que de prendre la dame en perdant un pion. En cherchant à conserver leurs pièces, cela tournait à l'agonie en peu de temps. Dans une partie où l'on est sur le point de perdre, il ne faut pas chercher des combinaisons portant sur un coup quelconque, autrement c'est ce que l'on appelle « jouer à la grâce de Dieu ».

	Blancs	Noirs
26°		17 — 28
27°	50 — 44	25 — 38
28°	32 — 43	8 — 12
29°	43 — 38	15 — 20
30°	45 — 40	20 — 24
31°	40 — 35	10 — 15
32°	39 — 34	2 — 7

Blancs	Noirs
33° 34 — 30	24 — 29
34° 30 — 25	29 — 34
35° 27 — 22	28 — 17
36° 31 — 27	34 — 39
37° 35 — 30	39 — 44
38° 30 — 24	44 — 50
39° 27 — 21	23 — 29

Les blancs (Weiss) abandonnent

DIX-SEPTIEME PARTIE

Jouée entre MM. BARTELING (blancs) et WEISS (noirs)

Blancs	Noirs
1° 33 — 28	17 — 21
2° 39 — 33	11 — 17
3° 44 — 39	7 — 11
4° 31 — 26.	

Les blancs prennent la position d'enchainement de la droite des noirs ou partie des coins. C'est une des positions qui contiennent le plus de surprises. Elles sont, de plus, fort difficile à analyser.

Blancs	Noirs
4°	18 — 23
5° 37 — 31	12 — 18
6° 31 — 27	20 — 24

Les noirs pouvaient déjà se dégager par 27 — 22 sans perte de pion.

Blancs	Noirs
7° 34 — 30	14 — 20
8° 30 — 25	10 — 14

Coup nécessaire dans cette position et meilleur que de laisser le pionnage de 25 — 14.

Blancs	Noirs
9° 50 — 44	24 — 29 !

Pionnage en avant nécessaire et rendant la partie très difficile pour les deux.

Blancs	Noirs
10° 33 — 24	20 — 29
11° 39 — 33	14 — 20
12° 25 — 14	9 — 20
13° 33 — 24	20 — 29
14° 38 — 33	29 — 38
15° 42 — 33	4 — 9
16° 36 — 31 !	

Coup très bien joué par les blancs. En ce moment, les noirs ne peuvent se dégager, mais les blancs devront porter toute leur attention sur les coups ultérieurs des noirs.

Blancs	Noirs
16°	5 — 10
17° 40 — 34	10 — 14
18° 44 — 40	15 — 20
19° 41 — 37	2 — 7
20° 46 — 41	20 — 24
21° 41 — 36	7 — 12

Coup joué pour obliger les blancs à un changement de position. Les blancs ayant répondu par un coup juste ont donné de grandes difficultés aux noirs.

Blancs	Noirs
22° 34 — 30	1 — 7
23° 47 — 41	14 — 20
24° 30 — 25	9 — 14
25° 43 — 38	3 — 9 !
26° 40 — 34 !	

Les noirs sont dans une mauvaise position et se trouvent forcés de perdre le pion.

Blancs	Noirs
26°	23 — 29
27° 34 — 23	18 — 29
28° 35 — 30	24 — 35
29° 33 — 15	19 — 24 !
30° 48 — 43 ?	

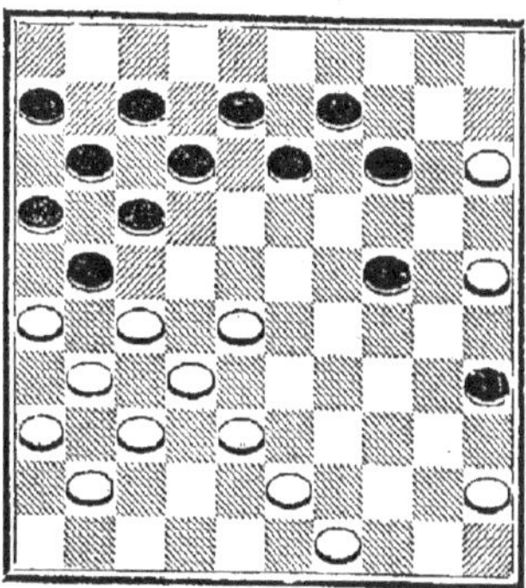

Blancs	Noirs
30°	24 — 30 !

Sacrifice fait volontairement par les noirs, en escomptant que les blancs auraient confiance et livreraient un coup qui remettrait les noirs en bonne position.

Blancs	Noirs
31° 25 — 34	35 — 40 !
32° 43 — 39	40 — 29
33° 49 — 43 ?	17 — 22 !
34° 28 — 17	11 — 22
35° 26 — 28	16 — 21
36° 27 — 16	7 — 11
37° 16 — 18	13 — 44
38° 43 — 39	44 — 42
39° 37 — 48	29 — 34 !

Le désavantage numérique des noirs se trouve compensé par leur dernier coup ; ils vont pouvoir amener du renfort sans que les blancs puissent s'y opposer.

Blancs	Noirs
40° 48 — 43 ?	9 — 13 !
41° 41 — 37	13 — 19 !
42° 31 — 27	8 — 13 !

Formation à laquelle les noirs voulaient arriver pour forcer les blancs à jouer leur pion 43.

43ᵉ 43 — 38 ?   19 — 24 !

Ce coup est obligatoire. Si les noirs jouaient 6 — 11 ou 14 — 20, l'avantage resterait aux blancs, avec de grandes difficultés pour les noirs.

44ᵉ 36 — 31   13 — 18 for.
45ᵉ 38 — 33

Les blancs ont toujours leurs deux pions de plus ; mais le pion noir 34 en vaut bien deux, et en jouant des deux côtés les coups juste, il est impossible d'affirmer le gain pour les blancs. Ces derniers n'ont pas joué le meilleur coup ; 31 — 26 leur donnait plus d'avance.

45ᵉ   24 — 29 !
46ᵉ 33 — 24   34 — 30
47ᵉ 24 — 19   14 — 23
48ᵉ 15 — 10   23 — 29 !
49ᵉ 10 — 4   18 — 22 !

Tout autre coup ne laissait aucun espoir de remise aux noirs. En sacrifiant ce pion, les pions blancs sont en l'air, ce qui permet aux noirs de préparer leurs combinaisons.

50ᵉ 27 — 18   39 — 43
51ᵉ 4 — 15 ?

? Coup faible. 45 — 40 suivi, sur 6-11 et 11-17 forcés, de 18-13 et 32-28 gagnait radicalement.

51ᶜ   29 — 34 for.
52ᵉ 15 — 33

Pour empêcher le pion 34 d'avancer et de faire une seconde dame. Ce coup paraît donc le meilleur.

52ᵉ   43 — 48
53ᵉ 18 — 13 ?

Grosse faute des blancs, qui assure presque la remise aux noirs, tandis qu'il y avait le gain par 33-29 ; 31-26 ; 26-37 ; 37-31 ; 31-26 ; 26-37 ; 37-31 ; 31-26, etc.

53ᵉ   34 — 40
54ᵉ 45 — 34   48 — 8
55ᵉ 31 — 26   8 — 13 !
56ᵉ 33 — 39   6 — 11 !
57ᵉ 39 — 6   13 — 31 !

Remise.

Au point de vue scientifique, cette remise vaut bien une partie gagnée.

DIX-HUITIEME PARTIE
Jouée entre MM. ZIMMERMANN (blancs) et WEISS (noirs)

Blancs	Noirs
1ᵉ 32 — 28	18 — 23
2ᵉ 38 — 32	

Très bonne réponse des blancs. Si 37 — 32 ?, les noirs faisaient le coup de mazette. Les blancs pouvaient jouer aussi 34 — 29, le seul pouvant remplacer le coup joué. L'un de ces deux coups est-il meilleur que l'autre ? C'est une question d'appréciation.

2ᵉ	12 — 18
3ᵉ 42 — 38	7 — 12
4ᵉ 47 — 42	1 — 7

Meilleur que 2 — 7, donnant une position plus compacte et facilitant les évolutions.

5ᵉ 31 — 27   20 — 25

Coup joué comme essai ; mais pour la solidité de la position 20 — 24 valait mieux sans craindre le pionnage des blancs affaiblis pour leur aile droite.

6ᵉ 34 — 30	25 — 34
7ᵉ 39 — 30	15 — 20
8ᵉ 44 — 39	20 — 25
9ᵉ 49 — 44	25 — 34
10ᵉ 39 — 30	14 — 20

Toujours pour attaquer l'aile droite de l'adversaire. Si les blancs jouent 30 — 24, à la fin du pionnage ils auraient un pion en l'air qu'ils seraient obligés de défendre.

11ᵉ 44 — 39	20 — 25
12ᵉ 50 — 44	25 — 34
13ᵉ 39 — 30	10 — 14

Joué à deux fins. Si les blancs cherchent le gain du pion, les noirs exécuteront un coup de dame par 13 — 19 et 17 — 50 ; s'ils voient le coup, les noirs n'auront rien perdu comme position et pourront avancer 14 — 20 à volonté.

| 14ᵉ 44 — 39 | 5 — 10 |
| 15ᵉ 37 — 31 | 14 — 20 |

Une sortie de pion à propos. Les noirs profitent du moment pour gagner du terrain.

| 16ᵉ 41 — 37 | 17 — 21 |
| 17ᵉ 31 — 26 | |

Pour attaquer et affaiblir l'aile gauche des noirs.

17°		10 — 15
26°	26 — 17	11 — 31
19°	36 — 27	20 — 25
20°	46 — 41	25 — 34
21°	39 — 30	15 — 20
22°	43 — 39	20 — 25
23°	48 — 43	25 — 34
24°	40 — 29	

Il valait mieux jouer 39 — 30, tenant en échec le jeu des noirs et les obligeant à répondre juste.

24°		23 — 34
25°	39 — 30	7 — 11
26°	43 — 39	11 — 17

A la place de ce coup, qui facilite le pionnage pour les blancs, il fallait jouer 19 — 24, qui donnait matière à des combinaisons et rendait le jeu difficile. Les noirs avaient assez de réserve pour ne courir aucun risque.

27°	23 — 22	17 — 28
28°	32 — 14	9 — 20
29°	30 — 24	

Pionnage avantageux pour les blancs et visant la gauche des noirs, qui est un peu faible.

29°		19 — 30
30°	33 — 24	12 — 17
31°	45 — 40	6 — 11
32°	40 — 34	17 — 21
33°	37 — 32	3 — 9

Joué de préférence à 4 — 9, car les noirs ont besoin de renfort sur leur gauche. Ici, le pion 4 devient le véritable pion savant.

34°	39 — 33	18 — 22
35°	27 — 18	13 — 22
36°	34 — 29	8 — 13
37°	35 — 30	

Il fallait jouer ici 32 — 28 d'abord, ensuite 28 — 23, meilleur que le coup du texte, qui fait perdre du temps. Si 29 — 23 ? les noirs gagnent deux pions ou vont à dame par 22 — 28 et 21 — 27 !. Si blancs 32 — 21, noirs 16 — 20, si blancs 22 — 31, noirs 13 — 18, 11 — 17 et 16 — 47.

37°		9 — 14
38°	42 — 37	13 — 18
39°	32 — 28	11 — 17
40°	28 — 23	14 — 19
41°	23 — 12 !	

Si 23 — 14 ? les noirs répondaient par 18 — 23 et 21 — 43, mauvais pour les blancs.

41°		17 — 8
42°	24 — 13	8 — 19
43°	38 — 32	21 — 27

Meilleur que 22 — 27, car les blancs joueraient ensuite 32 — 28 et le pion noir 19 serait compromis.

| 44° | 32 — 21 | 16 — 27 |
| 45° | 37 — 32 | |

Pionnage en arrière nécessaire, à moins d'attaquer par $\frac{29 - 24}{19 - 23}$, $\frac{24 - 20}{23 - 29}$, $\frac{33 - 24}{}$ et le pion noir 22 passera à dame avantageusement. Si 30 — 25, les noirs répondaient par le pionnage en arrière de 19 — 23 et 22 — 13 et les blancs auraient éprouvé des difficultés pour obtenir la remise.

| 45° | | 27 — 38 |
| 46° | 33 — 42 | |

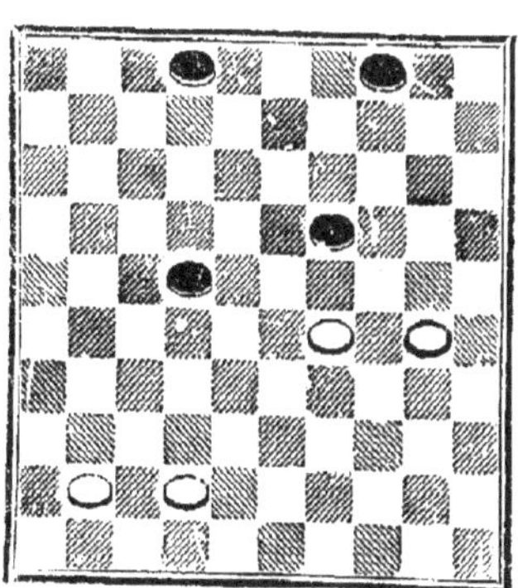

| 46° | | 2 — 8 |

Il était bien plus fort de jouer 22 — 28, qui donnait des chances de gain. Maintenant la remise ne peut plus être évitée.

47°	42 — 38	8 — 13
48°	38 — 32	13 — 18
49°	29 — 24	4 — 10
50°	24 — 13	18 — 9
51°	41 — 36	9 — 13
52°	32 — 27	22 — 31
53°	36 — 27	13 — 18

Remise

DIX-NEUVIEME PARTIE

Jouée entre MM. DUSSAUT (blancs) et WEISS (noirs)

Blancs	Noirs
1° 33 — 28	17 — 21
2° 31 — 26	

Cette attaque oblige les noirs à un deux pour deux ou à fermer par 11 ou 12 — 17.

Blancs	Noirs
2°	11 — 17
3° 37 — 31	6 — 11

Laissant aux blancs le coup de 28 — 22, etc., qui leur ferait perdre un pion.

Blancs	Noirs
4° 38 — 33	1 — 6
5° 42 — 38	19 — 23
6° 28 — 19	14 — 23
7° 33 — 28	9 — 14
8° 28 — 19	14 — 23
9° 47 — 42	4 — 9
10° 34 — 30	21 — 27
11° 31 — 22	

Meilleur que 32 — 21 et donnant le champ plus libre aux blancs. Si 32 — 21, les noirs amenaient du renfort et épuisaient l'aile gauche des blancs.

Blancs	Noirs
11°	17 — 37
12° 41 — 32	12 — 17
13° 39 — 33	7 — 12
14° 44 — 39	9 — 14
15° 50 — 44	20 — 25
16° 46 — 41	25 — 34
17° 40 — 29	

Forcé ; autrement les noirs damaient par 23 — 29, 13 — 19 et 17 — 46

Blancs	Noirs
17°	23 — 34
18° 39 — 30	18 — 23
19° 44 — 39	14 — 19
20° 41 — 37	17 — 21
21° 26 — 17	12 — 21
22° 37 — 31	10 — 14
23° 33 — 28	

Prenant la case centrale et se mettant à l'abri des surprises des noirs.

Blancs	Noirs
23°	15 — 20
24° 39 — 33	20 — 24
25° 30 — 25	

Menaçant d'un coup de trois pour quatre par 33 — 29, 32 — 27 et 38 — 20, si les noirs ne s'en apercevaient pas. Le jeu, pour être intéressant, exige des difficultés de part et d'autre.

Blancs	Noirs
25°	13 — 18
26° 31 — 26	

Cette attaque laisse beaucoup à désirer. Les blancs auraient dû voir que, après 21 — 27 et 16 — 27, ils ne peuvent plus attaquer le pion 27, car les noirs dameraient dans de bonnes conditions par 27 — 32, 23 — 29 et 29 — 47. La perte du pion est fatale.

Blancs	Noirs
26°	21 — 27
27° 32 — 21	16 — 27
28° 45 — 40	23 — 32
29° 40 — 34	5 — 10
30° 49 — 44	10 — 15

Les noirs avaient ici un meilleur coup à leur disposition par 32 — 37 et 24 — 30. Ce coup coûtait deux pions ; mais, avec le pion déjà gagné, ils se trouvaient maîtres de la situation.

Blancs	Noirs
31° 44 — 39	8 — 13
32° 34 — 30	2 — 8
33° 26 — 21	

On ne voit pas l'utilité de ce renvoi du pion 27 en arrière. Il valait bien mieux jouer 39 — 34 et ensuite l'attaque et le pionnage en avant par 33 — 29.

Blancs	Noirs
33°	27 — 16
34° 38 — 27	8 — 12
35° 43 — 38	11 — 17
36° 42 — 37	18 — 23
37° 37 — 32	17 — 21
38° 33 — 28	21 — 26
39° 48 — 42	

Dans cette position, les blancs ont très peu de ressources et sont dépourvus de pions de réserve. Ils sont obligés de chercher un refuge pour éviter de se trouver dans une position inextricable.

Blancs	Noirs
39°	12 — 18
40° 42 — 37	3 — 8

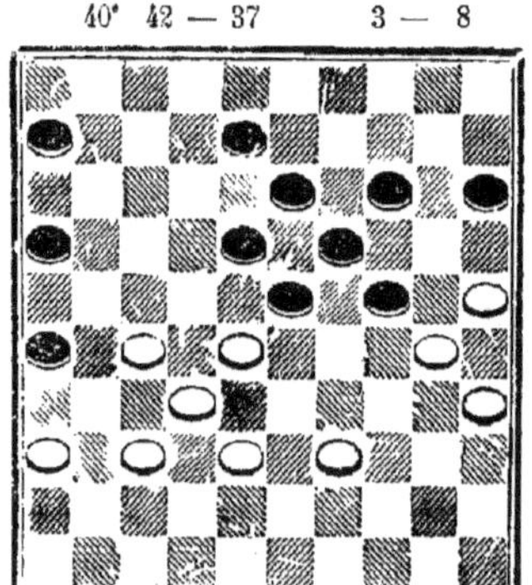

Blancs	Noirs
41° 28 — 22	

Ici 38 — 33 était préférable au coup joué et courait moins de danger. A présent, les noirs n'ont plus qu'à attendre que les forces des blancs soient épuisées.

41°		8 — 12
42°	39 — 33	6 — 11
43°	33 — 28	24 — 29

Les blancs (Dussaut) abandonnent.

VINGTIEME PARTIE

Jouée entre MM. WEISS (blancs) et RAPHAEL (noirs).

| 1° | 34 — 30 | 20 — 25 |

Cette attaque des noirs est incontestablement la meilleure réponse. Quoique les blancs aient plusieurs façons de jouer, ils eussent préféré un autre coup.

| 2° | 31 — 27 | 25 — 34 |
| 3° | 39 — 30 | 19 — 24 |

Ce pionnage paraît faible en raison de ce qu'il ne gêne pas les blancs auxquels il laisse la liberté d'action sur toute la surface du damier. Il en faut conclure que les noirs ont fait une tentative sans bien se rendre compte du résultat.

4°	30 — 19	13 — 24
5°	33 — 28	17 — 21
6°	36 — 31	

Coup joué pour tenter d'enchaîner l'aile droite des noirs et empêcher la liberté de leurs mouvements.

6°		14 — 19
7°	40 — 34	10 — 14
8°	43 — 39	18 — 23

Rentrant dans le centre, ce pion est bien placé, mais les autres sont un peu disséminés. Il est temps de les grouper pour ne pas se trouver embarrassé.

9°	39 — 33	12 — 18
10°	41 — 36	7 — 12
11°	44 — 40	8 — 13

Au lieu de ce coup, il était préférable de jouer d'abord 21 - 26 et après le coup du texte :

| 12° | 31 — 26 | 11 — 17 |

Pourquoi jouer ce pion qui va se trouver risqué et qui n'aurait de valeur qu'en vue d'un coup à exécuter ? 12 - 17 était compréhensible et ne se serait pas trouvé gêné.

| 13° | 36 — 31 | 2 — 8 |
| 14° | 46 — 41 | 5 — 10 |

Les noirs ne peuvent jouer leurs pions 1 et 6. Si 6 - 11, les blancs joueront : 34 - 29, 40 - 20 et 28 - 22. Si 1 - 7, il y a un coup de dame par 34 - 29, 40 - 20, 28 - 22, 26 - 17, 38 - 33 et 32 - 1.

15°	34 — 29	23 — 34
16°	40 — 20	15 — 24
17°	45 — 40	18 — 23

Coup bien joué et permettant l'avance de 12 - 18, ce qui sera une bonne sauvegarde.

18°	49 — 44	12 — 18
19°	41 — 36	10 — 15
20°	44 — 39	17 — 22

Pionnage nécessaire pour éviter la perte immédiate d'un pion.

| 21° | 26 — 17 | 22 — 11 |
| 22° | 27 — 22 | |

Le meilleur, car en ce moment les noirs ont un léger avantage de position ; leur gauche est très forte. La partie entre dans une phase très intéressante.

| 22° | | 18 — 27 |
| 23° | 31 — 22 | 14 — 20 |

A bien remarquer ici que la masse des noirs se porte sur la droite des blancs. Ces derniers ont intérêt à se tenir sur le qui-vive.

| 24° | 50 — 45 ? | |

Coup faible. Les blancs n'ont pas d'intérêt à faciliter le jeu de l'adversaire. Le coup juste était 37 - 31 pour empêcher l'avance de 16 - 21.

24°		16 — 21
25°	40 — 34	20 — 25
26°	48 — 43	

Il ne peut y avoir un meilleur coup. Ce pion donne une bonne forme au jeu des blancs et leur permettra de pouvoir se dégager sans embarras.

26°		21 — 26
27°	22 — 17	11 — 22
28°	28 — 17	4 — 10
29°	32 — 27	

36 - 31 était supérieur au coup joué.

Si 1 à 7,
Blanc 31 - 27,
Suivi de 7 - 11.
Blanc 17 - 12, 33 - 29, 27 - 22.
    43 - 39, 38 - 18, 32 - 5.

	Blancs	Noirs
29°		10 — 14
30°	27 — 21	13 — 18
31°	37 — 32	9 — 13
32°	42 — 37	8 — 12
33°	17 — 8	3 — 12
34°	21 — 16	23 — 29

Au lieu de ce coup, 14 - 20 donnait une plus grande force aux noirs et ne laissait plus aux blancs que la possibilité de la remise.

	Blancs	Noirs
35°	34 — 23	18 — 29
36°	36 — 31	15 — 20

Beau piège. Dans le cas où les blancs auraient tenté de gagner le pion, les noirs allaient à dame. En effet :

35 — 30	39 — 30	33 — 15
25 — 34	24 — 35	35 — 40
45 — 34	15 — 24	
14 — 20	19 — 48	

	Blancs	Noirs
37°	39 — 34	29 — 40
38°	35 — 44	25 — 30
39°	45 — 40	19 — 23
40°	33 — 28	14 — 19

Si 23-29 ? les blancs gagnaient le pion par 16-11, 28-22 et 32-25.

	Blancs
41°	40 — 35

Mieux vaut prendre cette case que de la laisser aux noirs.

	Blancs	Noirs
41°		1 — 7
42°	31 — 27	12 — 18
43°	44 — 39	20 — 25
44°	47 — 42	

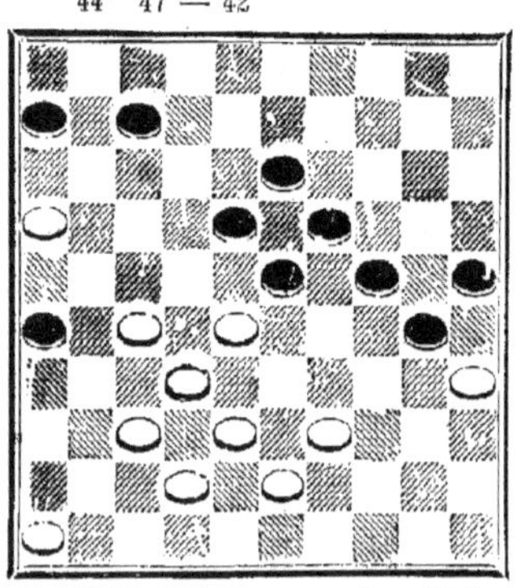

	Blancs	Noirs
44°		6 — 11 ?

Coup faible. Le coup juste était 7-12.

	Blancs	Noirs
45°	27 — 22	18 — 27
46°	32 — 21	23 — 41
47°	21 — 17	11 — 22
48°	42 — 37	41 — 32
49°	38 — 9	30 — 34

Bon pionnage. D'une part, épuisant les pièces adverses ; d'autre part, permettant l'avance de 19 — 23 avec certitude de remise, quel que soit le jeu des blancs qui ont un avantage, insuffisant pour le gain. Les blancs n'auront donc que la remise. Nous nous refusons à attacher aucun sens aux mots remise avec avantage ou désavantage. Le but du jeu étant de s'emparer des pièces adverses, on ne possède aucun avantage réel si on est incapable d'atteindre ce but. Ce sont là des subtilités très préjudiciables à la prospérité de notre beau jeu. (1)

	Blancs	Noirs
50°	39 — 30	25 — 34
51°	9 — 4	19 — 23
52°	4 — 22	24 — 30
53°	35 — 24	34 — 40
54°	24 — 20	40 — 45
55°	22 — 50	26 — 31
56°	20 — 15	31 — 37
57°	15 — 10	37 — 41
58°	44 — 39	23 — 29
59°	10 — 4	41 — 47
60°	4 - - 36	47 — 42
61°	36 — 9	42 — 37
62°	9 — 20	37 — 48
63°	20 — 33	48 — 34

Remise.

VINGT ET UNIEME PARTIE

Jouée entre MM. WEISS (blancs) et DUSSAUT (noirs).

	Blancs	Noirs
1°	34 — 30	19 — 23
2°	30 — 25	14 — 19
3°	25 — 14	9 — 20
4°	40 — 34	4 — 9

Ce coup ne peut s'appeler une faute, mais 10-14 était mieux et gagnait un temps, ce qui n'empêchait pas après, selon le jeu des blancs, de jouer 4 à 9 ou à 10.

---

(1) MM. Raphaël, Bouillon, Bonnard, Dambrun, de Haas, etc., sont absolument de notre avis sur ce point capital.

5°	45 — 40	10 — 14
6°	50 — 45	17 — 21
7°	31 — 26.	

Ce coup n'est pas joué précisément pour affaiblir l'aile droite des noirs, mais plutôt pour sa voir quelle formation de jeu va prendre l'adversaire.

7°		5 — 10

Bonne réponse des noirs qui, de même que les blancs, ne veulent pas se lancer dans l'inconnu et tiennent, eux aussi, à voir venir l'adversaire.

8°	26 — 17	12 — 21
9°	34 — 30	20 — 25

Très bonne attaque des noirs, car les blancs auraient occupés la case 25, gênant ainsi les noirs.

10°	40 — 34	

A leur tour, les blancs n'acceptent pas le pionnage et préfèrent créer une partie difficile et intéressante des deux côtés et évitent ainsi la remise qui se produit plus rarement sur cette position. Nous estimons que c'est là le vrai jeu.

10°		7 — 12
11°	44 — 40	14 — 20
12°	32 — 28	23 — 32
13°	37 — 28	9 — 14

Meilleur que 10-14, qui permettait aux blancs de jouer 33 à 29, ce qui compromettait la position des noirs.

14°	30 — 24	20 — 29
15°	33 — 24	19 — 30
16°	35 — 24	14 — 19
17°	40 — 35	19 — 30
18°	35 — 24	10 — 14
19°	45 — 40	14 — 19
20°	40 — 35	19 — 30
21°	35 — 24	3 — 9

Déplacement forcé du pion servant, car les blancs ont une grande avance sur leur droite et il est nécessaire d'amener du renfort.

22°	49 — 44	9 — 14
23°	44 — 40	11 — 17
24°	40 — 35 !	

Obligeant les noirs à attaquer par 14-20, meilleur que 14-19. Au cas contraire, les blancs allaient à dame par 24-20, 34-30 et 39-10.

24°		14 — 20
25°	34 — 29	

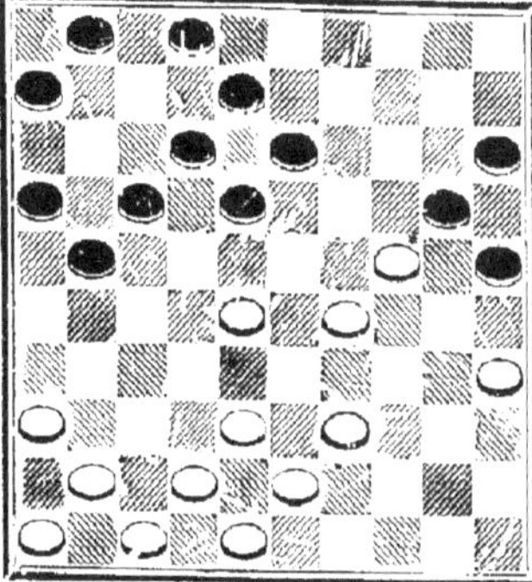

25°		18 — 22 ?

Mauvaise attaque. Les blancs ont ici deux manières de faire le coup : la première, qui a été exécutée en trois temps, mais il y en avait une plus simple en deux temps par : 35-30 et 38-9. Si les noirs avaient joué 25-30, moins mauvais, les blancs faisaient un quatre pour quatre avantageux. Le meilleur pour les noirs étaient 21-26.

26°	39 — 34	22 — 33
27°	34 — 30	25 — 23
28°	38 — 9	20 — 29
29°	9 — 3	8 — 13 !

Le meilleur coup pour tenter de prendre la dame si les blancs ne jouent pas 44-39 ou 35-30.

30°	35 — 30	12 — 18
31°	3 — 25	15 — 20
32°	25 — 14 forcé	18 — 23
33°	14 — 11	16 — 7

Les noirs, après la prise de la dame, restent avec un pion de moins. S'ils n'avaient pas fait ce coup, la partie eût été plus rapidement terminée. Les blancs devront porter toute leur attention pour éviter la remise que les noirs ont quelque chance d'obtenir.

34°	43 — 39	13 — 19
35°	39 — 33	29 — 38
36°	42 — 33	2 — 8
37°	33 — 29	8 — 13
38°	29 — 24	7 — 12
39°	48 — 43	12 — 18
40°	43 — 39	1 — 7
41°	24 — 20	18 — 23
42°	39 — 34	

Coup jouer pour gêner davantage les noirs et leur barrer le passage.

42°		23 — 28
43°	47 — 42	21 — 27
44°	20 — 15	28 — 33
45°	15 — 10	7 — 11

Petite ressource. Si les blancs donnent à 4 ou 5, les noirs dameraient par 33-38 et 38-47. Pour en finir de suite, les blancs sacrifient les pions 41 et 42.

46°	42 — 38	33 — 42
47°	41 — 37	42 — 31
48°	10 — 5	11 — 16
49°	5 — 26	

Les noirs (Dussaut), abandonnent.

VINGT-DEUXIEME PARTIE

Jouée par MM. DUSSAUT (blancs) et WEISS (noirs).

1°	33 — 28	18 — 23

Les deux joueurs adoptent le début classique :

2°	39 — 33	12 — 8
3°	44 — 39	7 — 12
4°	34 — 30	1 — 7
5°	30 — 25	

Dans cette position, comme les blancs doivent chercher le gain, ils n'avaient pas d'intérêt à jouer ce coup, qui n'est pas gênant pour les noirs ; 31 — 27, ou encore 49, ou 50 — 44, valait mieux et pouvait créer une partie difficile. Si les noirs attaquaient par 20 — 25, les blancs fermaient par 39 ou 40 — 34.

5°		20 — 24
6°	40 — 34	14 — 20
7°	25 — 14	9 — 20
8°	34 — 30	

Ce coup n'est pas le plus fort. L'analyse démontre que c'est 45 — 40, avec la facilité de voir venir les noirs et à l'abri de tout danger.

8°		17 — 21
9°	31 — 27	4 — 9
10°	30 — 25	21 — 26

Le rôle des noirs est d'être prudents et de ne pas aller dans l'inconnu.

11°	25 — 14	9 — 20
12°	50 — 44	10 — 14
13°	37 — 31	26 — 37
14°	42 — 31	11 — 17
15°	27 — 22	

Pionnage exécuté pour user les pièces et chercher à désorganiser la droite des noirs.

15°		18 — 27
16°	31 — 11	6 — 17
17°	36 — 31	12 — 18
18°	31 — 27	8 — 12
19°	41 — 37	3 — 8

Joué de préférence à 2 — 8. Les noirs ont leur gauche assez soutenue et la droite un peu moins. Ce coup donne exactement l'équilibre de la position.

20°	37 — 31	5 — 10
21°	47 — 42	24 — 30

Pionnage fait pour tenter de désorganiser le jeu des blancs et conserver un pion au centre. Bonne position, mais qu'il faut savoir maintenir.

22°	35 — 24	20 — 29
23°	33 — 24	19 — 30
24°	28 — 19	14 — 23
25°	39 — 33	10 — 14
26°	43 — 39	14 — 19
27°	49 — 43	30 — 35
28°	33 — 28	

Les blancs occupent leur case centrale, mais dégagent le pion 23, ce qui va permettre la marche des pions du trictrac 7 — 12 et 18 et améliorera la position des noirs.

28°		23 — 29
29°	39 — 33	19 — 24
30°	42 — 37	

Pour empêcher les noirs de pionner en arrière par 24 — 30 et 30 — 19. D'après la position, on peut voir que les noirs ne pensent nullement à la remise. Dans les parties sérieuses, l'esprit de combinaison se développe au fur et à mesure que la position se dessine.

30°		17 — 21
31°	31 — 26	

Meilleur que 28 — 23, qui ne donnait rien.

31°		24 — 30
32°	33 — 24	30 — 19
33°	26 — 17	12 — 21
34°	37 — 31	19 — 23

Pionnage pour désorganiser la position des blancs.

35°	28 — 19	13 — 24
36°	31 — 26	7 — 12
37	26 — 17	12 — 21

38° 38 — 33	8 — 13
39° 45 — 40	

Pour empêcher les noirs d'avancer et les tenir en échec.

39°	13 — 19
40° 40 — 34	2 — 8
41° 43 — 39	8 — 12
42° 46 — 41	

Le meilleur à jouer en ce moment, car si les blancs jouaient le pion savant, les noirs répondraient par 24 — 30, 15 — 20 et 18 — 47 ou 40.

42°	15 — 20
43° 41 — 36	21 — 26
44° 34 — 29	12 — 17

Le meilleur et le seul pour ne pas être compromis et ne pas perdre le pion.

45° 32 — 28 !

Coup très bien joué et qui force les noirs à donner deux pions pour un. Si les noirs jouaient 17 — 21, les blancs répondaient 28 — 23, mauvais pour les noirs.

45°	19 — 23 !
46° 28 — 30	35 — 24
47° 27 — 22	

Les blancs, à leur tour, redonnent le pion aux noirs, mais au détriment de la position de ceux-ci, qui ont une partie fort laborieuse et pleine de difficultés.

47°	18 — 27
	forcé
48° 29 — 23	24 — 30

Le seul coup à jouer et qui permet quelques combinaisons.

49° 23 — 19	27 — 32 !

Le meilleur à jouer sans hésitation ni perte de temps.

50° 19 — 13	32 — 37
51° 13 — 9	26 — 31
52° 36 — 27	37 — 41
53° 9 — 4 !	

Si 9 — 3 ? Les noirs gagnaient de suite par 41 — 47 et 47 — 21.

53°	41 — 46
54° 4 — 18	46 — 19

Joué pour forcer les blancs à conserver la ligne du trictrac et ayant une menace en perspective.

55° 18 — 40	20 — 24
56° 40 — 45	19 — 2

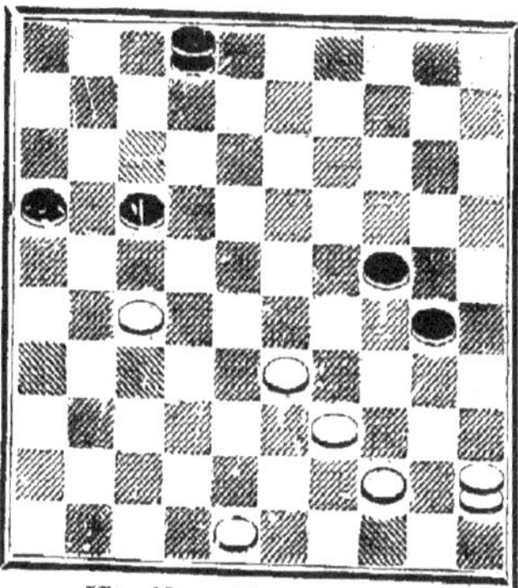

57° 48 — 42

Avec de l'attention et de la ténacité, les noirs sont arrivés à trouver une réponse qui leur assure la remise dans toutes les hypothèses.

57°	30 — 34 !
58° 45 — 15	16 — 21
59° 27 — 16	2 — 30
60° 15 — 4	30 — 37
61° 44 — 40	37 — 42

Remise.

VINGT-TROISIEME PARTIE

Jouée au tournoi international du Soudan, entre MM. Dussaut (blancs) et Weiss (noirs).

Blancs	Noirs
1° 34 — 30	20 — 25
2° 31 — 26	

Il valait mieux jouer 32 — 28, ne craignant pas le pionnage d'un pour un ou de deux pour deux, qui eût désorganisé le jeu des noirs.

2°	25 — 34
3° 39 — 30	17 — 21

Pionnage qui a pour but de donner de l'aisance au jeu des noirs en amenant des pions sur leur droite et de prendre une position contrariant le jeu des blancs.

4° 26 — 17	12 — 21
5° 36 — 31	21 — 26
6° 31 — 27	7 — 12
7° 44 — 39	11 — 17

Coup joué pour engager les blancs à exécuter un pionnage d'un pour un, désavantageux pour eux, car les noirs n'auront qu'à jouer 17 — 22 pour forcer les blancs à aller à 16, laissant l'avantage aux noirs.

8°	27 — 21	16 — 27
9°	32 — 21	17 — 22
10°	21 — 16	6 — 11

Il valait mieux ne pas pionner et amener autour du pion blanc 16 d'autres pions pour envelopper le jeu des blancs.

11°	16 — 7	2 — 11
12°	41 — 36	11 — 16
13°	50 — 44	1 — 7
14°	40 — 34	7 — 11
15°	45 — 40	

44 — 40 était préférable et donnait plus de solidité. Le coup du texte laisse une petite faiblesse sur la droite des blancs.

15°		16 — 21
16°	30 — 25	

Au lieu de ce coup, il fallait jouer 30 — 24, qui donnait aux blancs une position inattaquable et ne craignant aucun danger.

16°		11 — 16
17°	34 — 30	22 — 27
18°	37 — 32	19 — 24
19°	30 — 19	14 — 23

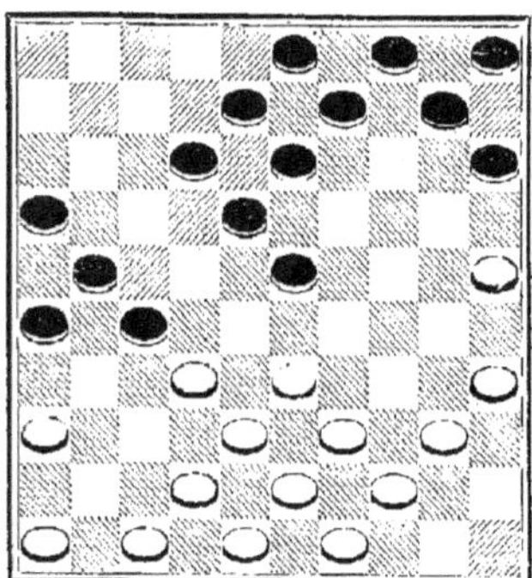

20° 42 — 37

Il y avait ici un coup de dame de huit pour six par

```
                         25 — 20
                         ———————
                         15 — 24
33 — 29   44 — 40   39 — 19   36 — 31
———————   ———————   ———————   ———————
23 — 45   45 — 34   13 — 24   26 — 28
38 — 32   42 —  2
———————   ———————
27 — 38             , mais comme la
```

dame blanche était reprise de suite par 24 — 30, 9 — 13 et 10 — 14, chaque joueur restant avec six pions, ce coup n'avait donc aucune utilité, à moins de jouer la remise.

20°		15 — 20
21°	25 — 14	10 — 19
22°	47 — 42	12 — 17

Meilleur que 19 — 24 et empêchant les blancs de jouer 33 — 28 où, s'ils le jouent, les noirs répondront par 17 — 22, etc.

23°	40 — 34	4 — 10

Les noirs pouvaient jouer aussi 5 — 10, qui n'était pas mauvais et rentrait dans les principes du jeu.

24°	35 — 30	10 — 14
25°	30 — 24	19 — 30
26°	34 — 25	14 — 19
27°	44 — 40	9 — 14

Au lieu de ce coup, 5 — 10 était plus fort, suivi de 10 — 14, qui donnait une position bien soutenue aux noirs.

28°	49 — 44	5 — 10
29°	40 — 34	10 — 15
30°	44 — 40	18 — 22
31°	33 — 29 !	

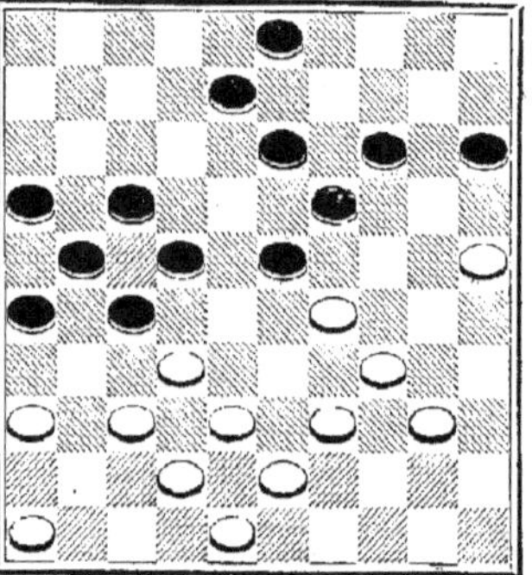

Le dernier coups des blancs est parfaitement joué. Le joueur des noirs, avec un peu d'attention, aurait dû voir la donnée des trois pions blancs ; mais le jeu ne demandant que fautes, rien ne peut retirer à l'adversaire le mérite d'avoir tendu un piège assez brillant et qui lui assure le gain de la partie.

31°	13 — 18 ?

Le coup juste était 23 — 28.

	Blancs	Noirs
32°	32 — 28 !	22 — 35
33°	37 — 31	26 — 37
34°	42 — 2	23 — 28
35°	2 — 24	21 — 26
36°	24 — 2	3 — 9
37°	29 — 24	17 — 22
38°	43 — 39	22 — 27
39°	48 — 43 !	28 — 32
40°	2 — 7	26 — 31
41°	7 — 18	16 — 21
42°	18 — 4	31 — 37
43°	4 — 48	15 — 20
44°	38 — 16	20 — 40
45°	39 — 34	40 — 29
46°	48 — 42	29 — 34
47°	42 — 33	35 — 40
48°	33 — 50	40 — 45
49°	16 — 11	14 — 19
50°	11 — 6	19 — 23
51°	6 — 1	34 — 39
52°	50 — 5	

Les noirs (Weiss) abandonnent.

VINGT-QUATRIÈME PARTIE

Jouée entre MM. Weiss (blancs) et Barteling (noirs).

	Blancs	Noirs
1°	31 — 27	17 — 21
2°	34 — 30	20 — 25
3°	33 — 28	25 — 34
4°	39 — 30	18 — 23

Première rentrée dans le centre, répondant à 33 — 28 des blancs.

	Blancs	Noirs
5°	44 — 39	12 — 18
6°	39 — 33	7 — 12
7°	50 — 44	14 — 20
8°	44 — 39	20 — 25

Le coup de 20 — 24 rentre davantage dans la marche normale du jeu et évite des échanges inutiles.

	Blancs	Noirs
9°	39 — 34	12 — 17
10°	37 — 31	21 — 26
11°	27 — 21	

Cherchant à épuiser l'aile droite des noirs et à désorganiser leur jeu.

	Blancs	Noirs
11°		26 — 37
12°	21 — 12	8 — 17
13°	42 — 31	15 — 20
14°	31 — 27	

Les blancs continuent à chercher l'épuisement de la droite des noirs et à détruire leurs combinaisons.

	Blancs	Noirs
14°		17 — 22
15°	28 — 17	11 — 31
16°	36 — 27	20 — 24
17°	41 — 37	10 — 14
18°	37 — 31	

Profitant de ce que les noirs ne peuvent faire le pionnage par 23 — 29, laissant le pion blanc 25 compromis.

	Blancs	Noirs
18°		5 — 10
19°	46 — 41	

En apparence, les blancs ont fait une faute, mais c'est justement le moment d'avancer ce pion pour fortifier les pions avancés.

	Blancs	Noirs
19°		10 — 15
20°	41 — 36	15 — 20
21°	47 — 42	6 — 11

A la place de ce coup, les noirs avaient un bon dégagement par 23 — 29, 25 — 34, 13 — 18 et 19 — 26. Leur gauche est assez forte, mais leur droite est faible, donc : manque d'équilibre. Il leur restait le dégagement. Cette omission laisse l'avantage aux blancs.

	Blancs	Noirs
22°	31 — 26	1 — 6
23°	33 — 29	

Ce pionnage en avant va forcer les noirs à jouer 4 — 10 et donner ensuite aux blancs le temps de jouer 42 à 38 et 33 pour faire face à l'ennemi.

	Blancs	Noirs
23°		24 — 33
24°	38 — 29	4 — 10
25°	42 — 38	10 — 15
26°	38 — 33	20 — 24

Bien meilleur que 18 — 22, qui eût fait disparaître deux pions très importants pour l'intérêt du jeu.

	Blancs	Noirs
27°	29 — 20	15 — 24
28°	43 — 38	2 — 7
29°	48 — 42	3 — 8

Coup nécessaire et le seul qui puisse se jouer ; 14 — 20 eût donné une position fausse.

	Blancs	Noirs
30°	33 — 29	24 — 33
31°	38 — 29	7 — 12

Le meilleur. Si 8 — 12 ? les blancs répondaient par 30 — 24, 32 — 28 et 26 — 10.

	Blancs	Noirs
32°	42 — 37	12 — 17
33°	37 — 31	

Pour empêcher les noirs de jouer 23 — 28, autrement ils perdent un pion.

	Blancs	Noirs
33°		8 — 12

Le seul coup juste était 17 - 22, tandis que le coup du texte va donner aux noirs un jeu décousu et faciliter les combinaisons des blancs ou leur laisser prendre un avantage de position.

| 34° | 49 — 43 | 17 — 22 |
| 35° | 43 — 39 | 11 — 17 |

Il n'y avait à jouer que les pions 11 ou 12 à 17. La position devient difficile pour les deux joueurs. Si les noirs font le pionnage par 23 — 28, les blancs répondront par 30 — 24 pour empêcher 14 — 19 des noirs, car si les noirs font cette attaque, les blancs joueront 24 - 20 et 29 - 23.

| 36° | 30 — 24 | |

Bon pionnage en avant qui ne va plus permettre aux noirs de jouer sans perdre un pion.

36°		19 — 30
37°	35 — 24	14 — 20
38°	24 — 15	25 — 30
39°	34 — 25	23 — 43
40°	15 — 10	43 — 49

Trop pressé pour damer. Le coup juste était 9 — 14 et 12 — 3. La gourmandise est un grand défaut.

| 41° | 25 — 20 | 49 — 35 |
| 42° | 20 — 15 | 35 — 19 ? |

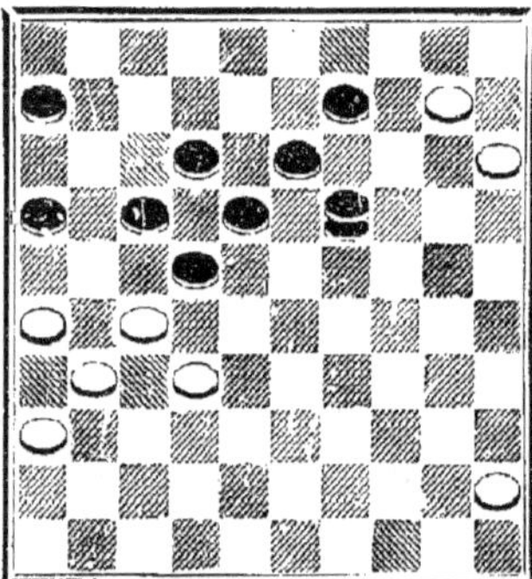

Les noirs sentaient un grand avantage à provoquer les échanges et croyaient bien tenir le gain ; mais il y avait le revers de la médaille que l'on pourrait appeler le guet-apens. La morale de cette fin peut se résumer en ceci : trop de confiance nuit.

43°	26 — 21	17 — 28
44°	10 — 5	22 — 31
45°	5 — 14	

Les noirs (Barteling), abandonnent.

VINGT-CINQUIEME PARTIE

Jouée par MM. WEISS (blancs) et LECLERCQ (noirs).

Blancs		Noirs
1"	33 — 28	18 — 23

Les deux joueurs adoptent la partie classique, se tenant tous deux sur la réserve.

2°	39 - 33	12 — 18
3°	44 — 39	20 — 24
4°	31 — 27	7 — 12
5°	37 — 31	17 — 22
6°	28 — 17	12 — 21
7°	31 — 26	2 — 7
8°	26 — 17	11 — 31
9°	36 — 17	7 — 12
10°	33 - 28	15 — 20

Si les noirs avaient joué 14-20, les blancs répondaient par 38-33. Le coup joué permet aux blancs de jouer 39-33 et de prendre une position avantageuse. Il eût été préférable de jouer 1-7, empêchant les blancs de jouer 38-33, à cause de 16-21, 23-29 et 18-27 ; les noirs se dégageaient par 24-29, 19-39, etc., le meilleur pour eux.

11°	39 — 22	10 — 15
12°	41 — 37	5 — 10
13°	43 — 39	20 — 25

Pourquoi jouer ce coup ? Il n'y avait rien qui pressait. 1-7, 6-11 ou 12-17 était préférable, conservait la gauche des noirs et permettait d'attendre l'avance d'un pion blanc à 30 pour ne l'attaquer qu'au dernier moment.

14°	46 — 41	6 — 11
15°	41 — 36	11 — 17
16°	36 — 31	17 — 21
17°	31 — 26	15 — 20
18°	26 — 17	12 — 21
19°	49 — 43	21 — 26 !
20°	34 — 30	

Pionnage nécessaire et qui empêche les noirs d'attaquer par 20-25 ? car alors les blancs allaient à dame par 28-22, etc.

20°		25 — 34
21°	39 — 30	10 — 15 !
22°	30 — 25	1 — 7
23°	50 — 44	7 — 11

Meilleur que 7-12, car il donne la faculté de jouer ensuite 8-12 et 11-17, qui aurait pu être forcé.

24°	44 — 30	8 — 12 !
25°	39 — 34	

Ce coup va permettre aux noirs de jouer 12-17, empêchant aux blancs de faire le pionnage le 34-29, car alors les noirs joueraient 18-23 et 13-31. Au lieu de ce coup, les blancs devaient jouer d'abord 37-31, 42-31 ; ensuite ouvrier par 39-34 et, finalement, prendre une position d'enchaînement contre les noirs par 34-29 et 40-29.

25°		12 — 17
26°	37 — 31	26 — 37
27°	42 — 31	17 — 21
28°	31 — 26	11 — 17
29°	47 — 42	4 — 10 !
30°	34 — 30 !	24 — 29

Le meilleur coup pour les noirs.

si	28 — 17	33 — 28
17 — 22 ?	21 — 12	

et les noirs eussent été fort gênés.

Si 3-8, mauvais, les blancs jouaient 43-39, etc.,

31°	33 — 24	20 — 29
32°	27 — 22	

Le pionnage de 40-34 et 45-34 valait mieux. Les noirs répondaient sans doute 3-8, obligeant les blancs à jouer 38-33, tout autre pion donnant un dégagement aux noirs.

32°		18 — 27
33°	28 — 22	17 — 37
34°	42 — 22	21 — 27
35°	22 — 31	

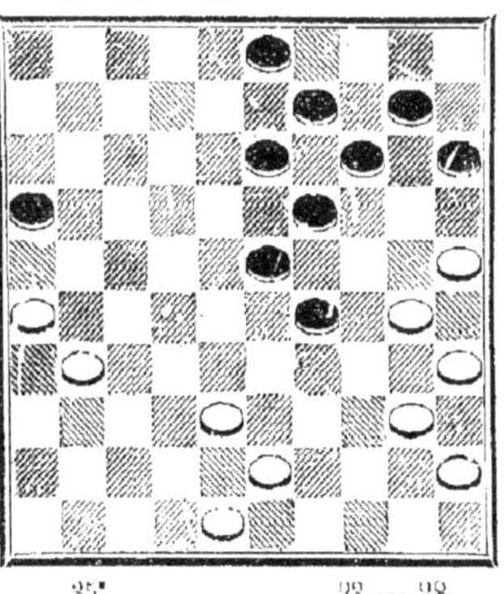

35°		23 — 28

La position est très intéressante. Le coup joué par les noirs n'est pas le plus fort, 13-18 enveloppait mieux le jeu des blancs et tout d'abord empêchait ceux-ci de jouer leur pion 43. Si les blancs jouent 40-34, les noirs répondent par 15-20 et leur jeu devient moins difficile.

36°	43 — 39	3 — 8 !
37°	40 — 34	29 — 40
38°	45 — 34	13 — 18
39°	39 — 33	

Coup faible. 30-24 était meilleur ; les noirs eussent été gênés dans leurs mouvements et le champ d'action des blancs devenaient plus grand.

39°		28 — 39
40°	34 — 43	19 — 24 !
41°	30 — 19	14 — 23
42°	38 — 32	18 — 22
43°	31 — 27 !	22 — 31
44°	26 — 37	8 — 12
45°	43 — 39	9 — 13
46°	39 — 33	10 — 14
47°	35 — 30	15 — 20 !
48°	33 — 29	

Trop tôt. Il valait mieux jouer d'abord 48-43, ne craignant pas 14-19 des noirs et, si ceux-ci jouent 13-19, alors, c'est le moment de faire le pionnage par 33-29 et 30-39.

48°		23 — 34
49°	30 — 39	13 — 18
50°	32 — 28	20 — 24
51°	39 — 33	14 — 19
52°	33 — 29 !	

Les blancs, voyant qu'ils ne peuvent gagner, s'empressent de forcer la nullité. Un proverbe dit : « Pour ne courir aucun danger, le droit chemin est le meilleur. » C'est ici l'occasion de l'appliquer.

52°		24 — 22
53°	25 — 20	18 — 23
54°	20 — 15	23 — 29
55°	15 — 10	29 — 34
56°	10 — 5	19 — 24
57°	5 — 23	34 — 39
58°	23 — 1	39 — 44
59°	1 — 6	44 — 50

Remise.

VINGT-SIXIEME PARTIE

Jouée par MM. RAPHAEL (blancs) et WEISS (noirs).

	Blancs	Noirs
1"	32 — 28	17 — 21
2°	37 — 32	11 — 17
3°	31 — 27	

N'acceptant pas d'occuper la case 26, mais pourquoi ce coup? Ce n'est pas un pion offensif ; il ne peut servir qu'à un pionnage de deux pour en arrière, ou à pionner si le noir joue 21-26.

	Blancs	Noirs
3°		6 — 11
4°	36 — 31	21 — 26

Ce coup n'était nullement forcé, car les noirs n'étaient pas compromis dans cette position qu'ils avaient volontairement accepté.

	Blancs	Noirs
5°	41 — 36	26 — 37
6°	42 — 31	1 — 6
7°	31 — 26	

Que signifie ce coup? Le pion 26 est maintenant à la disposition des noirs, au point de vue pionnage. Ils pourront s'en débarrasser quand bon leur semblera.

	Blancs	Noirs
7°		19 — 23
8°	28 — 19	14 — 23

Pour empêcher les blancs de pionner par 27-21 et les obliger à chercher du soutien pour se garantir.

	Blancs	Noirs
9°	47 — 42	10 — 14
10°	34 — 30	4 — 10
11°	30 — 25	

Il valait mieux jouer ici 46-41 pour soutenir les autres pions.

	Blancs	Noirs
11°		14 — 9
12°	25 — 14	9 — 20
13°	35 — 30	10 — 14
14°	30 — 25	23 — 29

Pionnage en avant exécuté pour chercher la difficulté en allant au-devant du danger.

	Blancs	Noirs
15°	33 — 24	20 — 29
16°	40 — 35	19 — 23
17°	45 — 40	17 — 21
18°	26 — 17	11 — 31
19°	36 — 27	7 — 11
20°	46 — 41	11 — 17

21° 35 — 30 ?

Perte irrémédiable d'un pion pour les blancs, car, après le deux pour deux, le pion blanc 14 sera attaqué et pris par 15-20.

	Blancs	Noirs
21°		14 — 20
22°	25 — 14	29 — 34
23°	40 — 29	23 — 25
24°	39 — 33	15 — 20
25°	44 — 39	20 — 9
26°	49 — 44	5 — 10
27°	42 — 37	10 — 14
28°	41 — 36	14 — 19
29°	44 — 40	2 — 7
30°	50 — 44	25 — 30
31°	37 — 31	7 — 11

Les noirs ont une barricade contre laquelle les blancs auront de grandes difficultés ; cependant, il arrive quel'on obtient la remise avec un pion de moins ; mais il faut que le jeu s'y prête.

	Blancs	Noirs
32°	40 — 34	30 — 35
33°	48 — 42	17 — 21
34°	33 — 28	9 — 14
35°	42 — 37	3 — 9
36	39 — 33 ?	

Coup faible. Le seul pion à jouer à ce moment était 38-33.

	Blancs	Noirs
36°		18 — 23
37°	43 — 39	21 — 26

Ce n'est pas le coup juste. 14-20 était le seul pion jouable dans cette position.

	Blancs	Noirs
38°	44 — 40	35 — 44
39°	39 — 50	14 — 20
40°	28 — 22	11 — 17
41°	22 — 11	16 — 7
42°	33 — 28	9 — 14
43°	27 — 22	7 — 11
44°	31 — 27	12 — 18
45°	50 — 44	

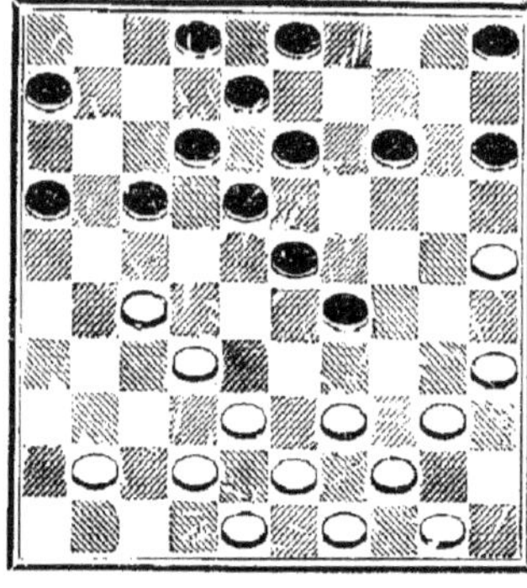

Il y avait ici un coup de dame par 33-29, 28-23, 27-22 et 32-3, mais la dame était reprise de suite. Ce coup rendait plus rapide la perte des blancs.

Les blancs (Raphaël) abandonnent

VINGT-SEPTIEME PARTIE

Jouée dans le Tournoi international de 1894, entre MM. WEISS (blancs) et DUSSAUT (noirs).

Blancs	Noirs
1° 33 — 28	17 — 21
2° 39 — 33	21 — 26
3° 44 — 39	20 — 25

Sortant des débuts classiques ; mais ce n'est qu'une interversion et, par la suite des coups joués, les noirs reprendront leurs formations respectives.

4° 31 — 27	14 — 20
5° 50 — 44	10 — 14
6° — 37 — 31	

Pionnage en avant que les blancs exécutent pour se fortifier sur leur aile gauche.

6°	26 — 37
7° 42 — 31	11 — 17
8° 27 — 22	18 — 27
9° 31 — 11	6 — 17
10° 41 — 37	17 — 21
11° 36 — 31	13 — 18

Bon pion d'avant-garde. Les blancs n'ont pas d'intérêt à faire le deux pour deux.

12° 31 — 27	9 — 13

Cette fois, au lieu du coup joué, il était préférable de jouer 21 — 26 pour ne pas laisser aux blancs le dégagement par 27 — 22 et 28 — 23.

13° 46 — 41	4 — 9
14° 41 — 36	20 — 24
15° 27 — 22	18 — 27
16° 28 — 23	19 — 28
17° 33 — 31	14 — 19
18° 38 — 33	5 — 10

Pion bien joué et qui prendra de l'importance quand il sera arrivé à sa bonne case 20.

19° 47 — 42	10 — 14
20° 42 — 38	21 — 26
21° 34 — 30	

Ce pionnage n'était pas utile. Il fallait jouer 32 — 28 et, si les noirs jouaient 14 — 20, continuer par 37 — 32.

21°	25 — 34
22° 40 — 20	14 — 25

La reprise par 15 — 24 était meilleure, et la raison en est simple : Quand un pion arrive dans un coin, il n'a plus qu'une case à jouer, autrement il en a deux.

23° 31 — 27	12 — 18
24° 32 — 28	18 — 23
25° 38 — 32	9 — 14
26° 44 — 40	13 — 18
27° 39 — 34	14 — 20
28° 43 — 38	8 — 13 !

Si 1 — 6 ? les blancs damaient par 34 — 30, 40 — 29, 28 — 23, 38 — 33 et 32 — 1.

Si 3 — 9 ? ils gagnaient un pion par le même coup.

29° 33 — 29 !	

Forçant les noirs à exécuter un pionnage en arrière.

29°	20 — 24
30° 29 — 20	25 — 14
31° 35 — 30	2 — 8 !

Meilleur que 3 — 8 ? car alors les blancs damaient par 30 — 24, 28 — 10, 38 — 33 et 32 — 3.

32° 38 — 33	7 — 12
33° 33 — 29	14 — 20
34° 40 — 35	20 — 24
35° 29 — 20	15 — 24
36° 49 — 43	3 — 9
37° 43 — 39	9 — 14

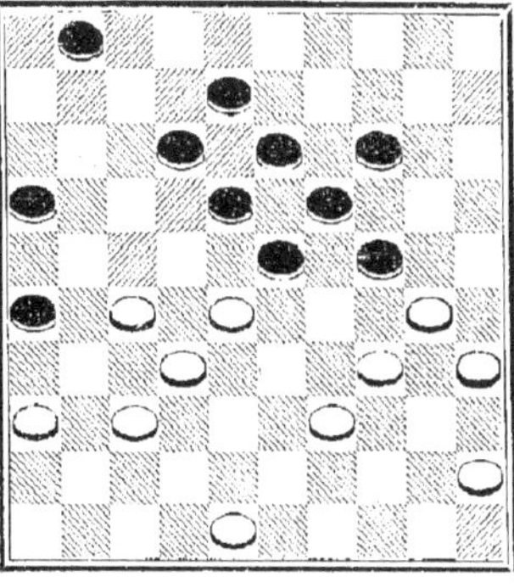

38° 45 — 40	24 — 29
39° 30 — 24.	

Faible. Ce coup n'était nullement forcé. Bien au contraire, sur

$$\frac{24 - 29}{25 - 20}\ ,\ \frac{30 - 25}{20 - 7}\ \frac{27 - 22}{36 - 47}$$
$$\frac{}{23 - 41}\ ,\ \frac{}{1 - 12}\ \frac{}{33 - 44}\ 40 - 49.$$

Que reste-il ? Un pion noir en plus à 38 ; mais ce pion sera pris de suite par les blancs et ceux-ci auront un grand avantage sur leur droite.

		29 — 20
40°	34 — 30	20 — 24
41°	39 — 33	1 — 6
42°	36 — 31	

Préparant un piège que les blancs n'ont pu exécuter ; mais si ces derniers avaient joué 12 — 17, les blancs avaient un joli coup de dame, gagnant par 27 — 21, 40 — 34, 34 — 3 et 3 — 47.

42°		6 — 11
43°	48 — 43	11 — 17
44°	43 — 38	17 — 22
45°	28 — 17	12 — 21
46°	33 — 28	24 — 29
47°	40 — 34	29 — 40
48°	35 — 44	14 — 20
49°	30 — 25	20 — 24
50°	44 — 40	8 — 12
51°	28 — 22	

Ce coup n'est pas le meilleur, car il donne une plus grande force aux noirs. Les blancs, malgré leur mauvaise position, avaient, en jouant 40 — 34, quelques chances de remise.

51°		23 — 29
52°	40 — 35	19 — 23
53°	38 — 33	

Ce coup a été joué pour ne pas prolonger inutilement une partie qui, de toute manière, était perdue.

53°		29 — 38
54°	32 — 43	21 — 41
55°	25 — 20	18 — 36
56°	20 — 7	41 — 46
57°	7 — 2	13 — 18
58°	2 — 24	18 — 22
59°	24 — 47	22 — 27
60°	35 — 30	46 — 10
61°	30 — 25	10 — 4

62°	25 — 20	4 — 10
63°	43 — 38	10 — 19
64°	38 — 33	27 — 31
65°	33 — 29	19 — 28
66°	20 — 15	31 — 37
67°	29 — 24	37 — 41
68°	47 — 33	28 — 39

Les blancs (Weiss) abandonnent.

VINGT-HUITIEME PARTIE

Jouée entre MM. Weiss (blancs) et Dussaut (noirs)

Blancs	Noirs
1° 34 — 30	20 — 25

Attaque des noirs qui pourrait affaiblir l'aile droite des blancs si les noirs continuaient toujours à la case 25. Les blancs auraient le désavantage s'ils ne répondaient pas toujours par les coups justes.

2° 32 — 28

Coup joué pour empêcher les noirs, en faisant un pionnage par 19 — 24, de prendre et revenir à cette case 24. Le coup des blancs empêche cette formation.

		25 — 34
3°	39 — 30	14 — 20
4°	44 — 39	20 — 25
5°	40 — 34	

La fermeture opérée par ce coup est nécessaire : d'une part, pour éviter l'épuisement des pièces et, d'autre part, cette position donne lieu à des combinaisons fort intéressantes et sort des parties monotones qui aboutissent à la remise. Cette position est celle qui donne le plus de surprises et de difficultés.

5°		15 — 20
6°	45 — 40	20 — 24
7°	50 — 45	18 — 23

Pour répondre à cette attaque, les blancs ont le pion 4) en réserve, qui leur donne le temps de répondre à toute attaque et de se mettre sur le qui-vive.

8°	49 — 44 !	23 — 32
9°	37 — 28	13 — 18
10°	41 — 37	18 — 23

Continuant à attaquer pour occuper la case 28 ; mais les blancs les en empêchent, grâce aux pions de réserve...

	Blancs	Noirs
11e	47 — 41	23 — 32
12e	37 — 28	12 — 18
13e	42 — 37	7 — 12
14e	28 — 22	

Pionnage exécuté par les blancs pour empêcher les noirs d'occuper la case 23.

	Blancs	Noirs
14e		18 — 27
15e	31 — 22	17 — 28
16e	33 — 22	10 — 14
17e	38 — 33	5 — 10
18e	43 — 38	8 — 13 !

Si 9 — 13 ? les blancs faisaient un coup de cinq pour quatre par 34 — 29, 29 — 7 et 37 — 28.

	Blancs	Noirs
19e	37 — 31	

37 — 32 était meilleur et empêchait les noirs d'attaquer par 12 — 17 ou 18, parce qu'alors ils perdaient un pion. De plus, il permettait l'avance de 41 — 37 et 46 — 41, conservant l'équilibre vis-à-vis des noirs et les tenant en échec.

	Blancs	Noirs
19e		3 — 8

Pourquoi ce déplacement du pion savant ? Il n'avait aucune utilité. Le véritable coup juste était 2 — 8, qui donnait aux noirs une formation d'une incontestable solidité.

	Blancs	Noirs
20e	38 — 32	1 — 7
21e	32 — 28	13 — 18

Coup joué pour se débarrasser du pion blanc 22, avoir le champ plus libre et empêcher les blancs de prendre une position avantageuse.

	Blancs	Noirs
22e	22 — 13	9 — 18
23e	41 — 37	12 — 17

Les noirs ont trois pions (7, 12 et 18) sur la ligne du tric-trac ; le coup joué n'est pas mauvais, mais 11 — 17 était meilleur en ce qu'il gênait davantage les blancs, donnait une position plus solide et rendait la manœuvre plus facile.

	Blancs	Noirs
24e	31 — 26	7 — 12
25e	36 — 31	18 — 23
26e	46 — 41	23 — 32
27e	37 — 28	12 — 18
28e	41 — 36	8 — 12 ?

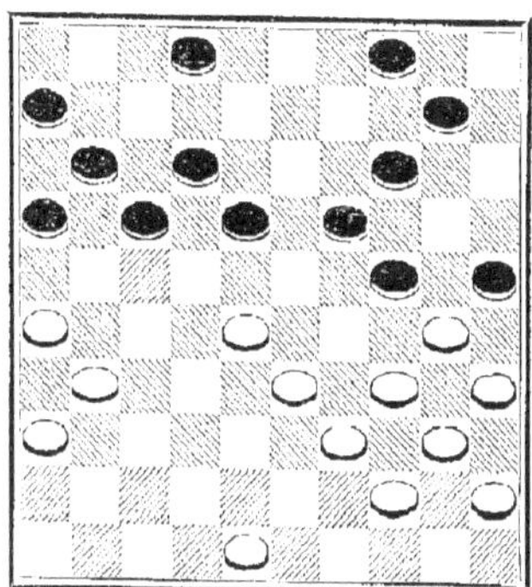

Faute inexplicable des noirs qui livre aux blancs un coup dont ils vont profiter. En jouant 4 — 9, les noirs gênaient beaucoup les blancs.

	Blancs	Noirs
29e	28 — 23	18 — 38
30e	39 — 33	33 — 29
31e	34 — 23	19 — 28
32e	30 — 19	14 — 23
33e	35 — 30	25 — 34
34e	40 — 07	16 — 21
35e	7 — 27	28 — 33
36e	27 — 21	

Obligeant le pion noir 17 à partir et s'en débarrassant au plus vite pour avoir le champ libre.

	Blancs	Noirs
36e		17 — 22
37e	31 — 27	22 — 31
38e	36 — 27	10 — 14
39e	21 — 17	14 — 19
40e	17 — 12	19 — 23
41e	26 — 21	23 — 28
42e	21 — 16	4 — 9
43e	12 — 7	2 — 11
44e	16 — 7	6 — 11
45e	7 — 16	33 — 38
46e	16 — 11	9 — 13
47e	11 — 7	13 — 18
48e	7 — 1	18 — 22
49e	27 — 18	28 — 32
51e	18 — 13	32 — 37
50e	1 — 29.	

Les noirs (Dussaut) abandonnent.

VINGT-NEUVIEME PARTIE

Jouée entre MM. WEISS (blancs) et DUSSAUT (noirs).

	Blancs	Noirs
1er	31 — 27	17 — 21
2e	36 — 31	

Début irrégulier mais qui, après quelques coups devient régulier.

2°		21 — 26
3°	41 — 36	18 — 23
4°	47 — 41	12 — 18
5°	33 — 28	

Les deux joueurs adoptent la partie classique et la position d'enchaînement.

5°		7 — 12
6°	39 — 33	20 — 24
7°	44 — 39	14 — 20
8°	34 — 30	10 — 14

Les noirs laissent la case 25 à la disposition des blancs, et ces derniers la prennent, ne pouvant mieux faire ; le temps reste à l'avantage des noirs.

9°	30 — 25	4 — 10
10°	49 — 44	1 — 7
11°	27 — 22	

Les blancs pouvaient aisément jouer 39 — 34, mais ils ont préféré ce pionnage en avant pour créer une position difficile et instructive à cause des combinaisons à laquelle elle donne lieu.

11°		18 — 27
12°	31 — 22	12 — 18
13°	37 — 31	26 — 37
14°	42 — 31	18 — 27
15°	31 — 22	7 — 12
16°	41 — 37	2 — 7
17°	48 — 42	

Dans cette position, l'avance du pion savant est obligatoire.

17°		12 — 17
18°	33 — 29	24 — 33

Cette prise est meilleure que 23 — 34. Les noirs vont perdre un pion, mais le rattraperons aussitôt par 8 — 12 et laisseront les blancs dans une position peu soutenue.

19°	38 — 18	8 — 12
20°	28 — 23	17 — 28
21°	43 — 38	

Les blancs pouvaient, ici, en perdant deux pions, aller à dame par 36 — 31, 31 — 27, 37 — 26, 39 — 34 et 35 — 4. Le coup était cher, mais bon tout de même.

21°		13 — 22
22°	32 — 27	22 — 31
23°	23 — 32	11 — 17

24°	36 — 27	17 — 21
25°	40 — 34	12 — 18
26°	45 — 40	19 — 23
27°	38 — 33	14 — 19
28°	25 — 14	9 — 20
29°	33 — 28	

Prenant la bonne case et mettant les noirs dans une mauvaise position.

29°		3 — 8
30°	42 — 38	8 — 13
31°	39 — 33	10 — 14

Les blancs auraient ici le coup classique par 34 — 29, 44 — 40, 33 — 28, 38 — 33 et 32 — 1 ; mais il coûterait trop cher et serait reprise dans de bonnes conditions.

32°	46 — 41	21 — 26

Coup joué en prévision de 50 — 45 des blancs. Dans ce cas, les noirs donnaient par 16 — 21 et 18 — 22, 23 — 29 et gagnaient.

33°	34 — 30	

Les blancs ont toujours le coup de dame ; mais elle était prise de suite ; ils avaient un bien meilleur coup que celui joué : 34 — 29 ! qui enchaînait bel et bien les noirs.

33°		20 — 24
34°	30 — 25	15 — 20
35°	41 — 36	5 — 10
36°	40 — 34	

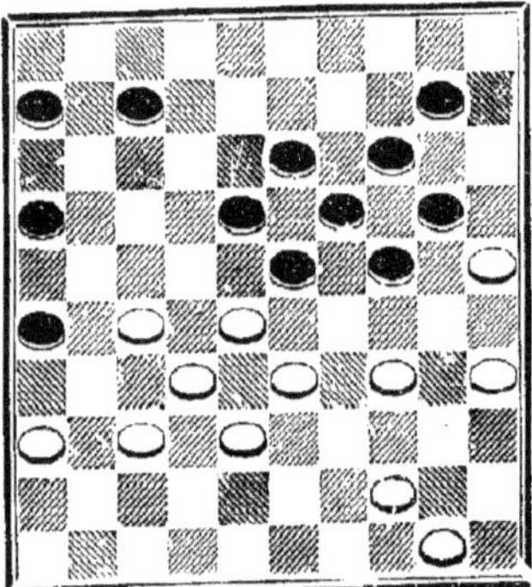

36°		10 — 15 ?

Cette fois, les blancs n'hésitent pas à exécuter un coup de cinq pour trois et à dame. Les noirs ne pourront plus jouer que 6 — 11 qui n'est pas dangereux.

Blancs	Noirs
37° 34 — 29	23 — 34
38° 44 — 40	34 — 45
39° 28 — 23	19 — 39
40° 38 — 33	39 — 28
41° 32 — 1	6 — 11
42° 1 — 6	14 — 19

Dernière tentative des noirs pour essayer d'arriver à dame ; mais ils ne possèdent pas tous les éléments nécessaires ; on ne fait rien avec rien, et ils sont irrémédiablement perdus.

Blancs	Noirs
43° 6 — 4	19 — 23
44° 25 — 14	16 — 21
45° 27 — 16	23 — 28
46° 14 — 10	24 — 29
47° 37 — 32	28 — 37
48° 4 — 31	15 — 4
49° 31 — 15	

Les noirs (Dussaut) abandonnent.

TRENTIEME PARTIE

Jouée au Damier parisien dans le tournoi par division du 12 mars.1903, entre Weiss (blancs), et Leclercq (noirs).

Blancs	Noirs
Weiss	Leclercq
1er 34 — 30	18 — 23
2e 30 — 25	20 — 24
3e 32 — 28 !	23 — 32
4e 37 — 28	12 — 18
5e 41 — 37	7 — 12
6e 40 — 34	24 — 30

pionnage, par crainte de l'enchaînement, mais abîmant le centre des noirs.

Blancs	Noirs
7e 35 — 24	19 — 30
8e 44 — 40	30 — 35
9e 50 — 44	18 — 23

Ça n'est pas le meilleur. Les noirs prennent la case centrale, mais ce pion 23 n'a aucune puissance pour l'instant.

14 — 19 valait mieux.

Blancs	Noirs
10e 28 — 19	14 — 23
11e 47 — 41 ?	

A première vue, rien d'anormal. En approfondissant on se rend compte que le pion 46 était supérieur. En principe on ne doit pas annihiler ses pions.

Blancs	Noirs
11e	15 — 20
12e 25 — 14	10 — 19
13e 37 — 32	5 — 10
14e 41 — 37	10 — 14
15e 31 — 27 ?	

46 — 41 donnait de l'aisance aux blancs, car les noirs ne pouvaient empêcher 32 — 28.

Blancs	Noirs
	17 — 21
16e 37 — 31 ?	

33 — 28 fournissait aux blancs un jeu plus actif et leur permettait mieux de répondre aux formations des noirs.

Blancs	Noirs
	21 — 26
17e 42 — 37	

Le pionnage par 33 — 28 n'avait rien de compromettant.

Blancs	Noirs
	1 — 7
18e 33 — 28	11 — 17 ?

12 — 18 paralysait les blancs qui ne pouvaient pionner.

Blancs	Noirs
19e 27 — 21	16 — 27
20e 31 — 11	6 — 17
21e 36 — 31	4 — 10
22e 46 — 41.	

Si 31 - 27 les noirs font un 3 pour 4 par 17 - 22.

Blancs	Noirs
	10 — 15
23e 41 — 36	15 — 20
24e 38 — 33.	

Si 39 - 33, coup de dame.

Blancs	Noirs
	7 — 11
25e 43 — 38	11 — 16
26e 31 — 27	17 — 21 ?
27e 49 — 43	12 — 18
28e 48 — 42 forcé	2 — 7
29e 34 — 29	23 — 34
30e 40 — 29	18 — 23 ?
31e 29 — 18	13 — 31
32e 36 — 27	7 — 12
33e 45 — 40	9 — 13
34e 40 — 34	3 — 9

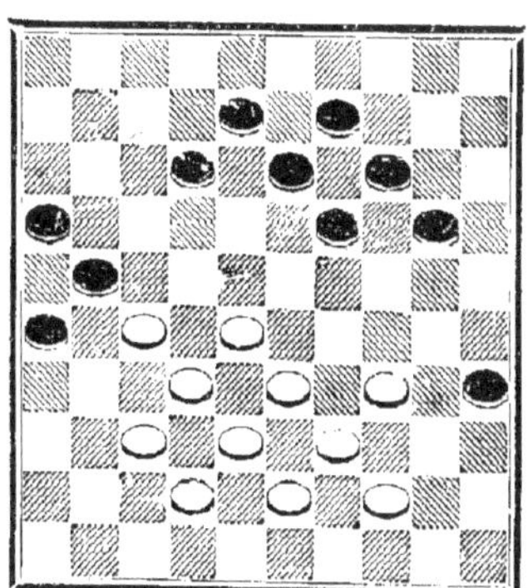

35e 28 — 22 ?

meilleur que 27 — 22, mais il y avait plus fort.

34 — 29 était le coup juste ; les noirs ne pouvaient prendre un avantage de position.

```
                    12 — 18
36°  33 — 28        20 — 25
37°  38 — 33        14 — 20
38°  42 — 33 ?  les blancs se
```

paralysent eux-mêmes 33 — 29 donnaient de l'air aux blancs.

```
                    18 — 23
39°  44 — 40

                    35 — 44
40°  39 — 50         8 — 12
42°  22 — 17 forcé   9 — 14
43°  17 —  8        13 —  2
44°  50 — 44         2 —  7
45°  44 — 40         7 — 11
46°  40 — 35        11 — 17
47°  27 — 22 forcé 21 — 27
```

Les noirs ne pouvaient pas faire mieux que le pionnage, 2 pour 2. De toute façon, la liberté de mouvements acquise par les blancs empêche les noirs de prendre un avantage de position et la nulle apparaît inévitable.

Cette partie a été admirablement menée par les noirs qui avaient pendant un grand nombre de coups un avantage très marqué.

Il a fallu, vers la fin, que les blancs répondent par tous les coups justes pour arriver à s'assurer la remise.

Cette manœuvre prouve une fois de plus qu'une belle partie nulle est parfois aussi méritoire qu'une partie gagnée.

REMISE

ISIDORE WEISS

Fin.

ERRATA

Page 71, 1re colonne. 16 et 17° lignes, lire : En partie il est bon de jouer un Pion à deux *fins*.

Page 76, 1re colonne, après le diagramme qui suit le 32° coup des blancs se trouve la critique de ce coup : Le dernier coup des blancs cherche l'enchaînement de la gauche des noirs. Le contact va bientôt décider du résultat. C'est de suite après ce mot qu'il faut lire : 32° (noirs) 13-18 ?

Ce n'est qu'après ce coup des noirs qu'il faut lire la critique : *Le coup juste était 7-12, etc.*

TABLE DES MATIÈRES

MARSEILLE

Imprimerie Samat et Cie

15, Quai du Canal, 15